全国高职高专公共课程规划教材

公共关系基础

（供医药类各专业使用）

主　编　沈小美　谭　宏

副主编　黄铁枝

编　者（以姓氏笔画为序）

卢思东（漳州卫生职业学院）

代　英（雅安职业技术学院）

刘力为（长春医学高等专科学校）

沈小美（漳州卫生职业学院）

张和辉（厦门鹭达集团）

陈娇芸（漳州卫生职业学院）

姜　庆（雅安职业技术学院）

黄铁枝（漳州科技职业学院）

谭　宏（雅安职业技术学院）

中国医药科技出版社

内容提要

　　本书是全国高职高专公共课程规划教材之一，采用"项目导向、任务引领"体例编写，内容主要包括"公共关系基础理论""公共关系从业人员基本技能"和"公共关系职业素养"。"公共关系基础理论"模块含有"认知公共关系"和"认知公共关系机构与从业标准"两个项目、五个教学任务，"公共关系从业人员基本技能"模块含有"公共关系工作程序""公共关系专题活动""公共关系的协调沟通""公共关系营销"和"危机管理"等五个项目、十九个教学任务，"公共关系职业素养"模块含有"公关文书"和"公关形象塑造"两个模块、七个教学任务。本书供医药高职高专各专业使用。

图书在版编目（CIP）数据

　　公共关系基础/沈小美，谭宏主编 . —北京：中国医药科技出版社，2015.8
　　全国高职高专公共课程规划教材
　　ISBN 978-7-5067-7532-8

　　Ⅰ.①公… Ⅱ.①沈… ②谭… Ⅲ.①公共关系学-高等职业教育-教材
Ⅳ.①C912.3

　　中国版本图书馆 CIP 数据核字（2015）第 176019 号

美术编辑　陈君杞
版式设计　郭小平

出版　中国医药科技出版社
地址　北京市海淀区文慧园北路甲 22 号
邮编　100082
电话　发行：010-62227427　邮购：010-62236938
网址　www.cmstp.com
规格　787×1092mm $\frac{1}{16}$
印张　11 ¼
字数　229 千字
版次　2015 年 8 月第 1 版
印次　2015 年 8 月第 1 次印刷
印刷　航远印刷有限公司
经销　全国各地新华书店
书号　ISBN 978-7-5067-7532-8
定价　**26.00 元**

李正姐（安徽中医药高等专科学校）

李丽娟（漳州卫生职业学院）

李钟锋（漳州卫生职业学院）

杨　峥（漳州卫生职业学院）

杨小玉（天津医学高等专科学校）

邱　波（漳州卫生职业学院）

汪芝碧（重庆三峡医药高等专科学校）

张　庆（济南护理职业学院）

张　荣（毕节医学高等专科学校）

张　健（长春医学高等专科学校）

张　敏（安徽医学高等专科学校）

张　德（四川护理职业学院）

张亚军（内蒙古医科大学）

陈玉喜（漳州卫生职业学院）

陈秋云（漳州卫生职业学院）

陈顺萍（福建卫生职业技术学院）

陈宽林（江苏建康职业学院）

陈淑瑜（漳州卫生职业学院）

陈瑄瑄（漳州卫生职业学院）

林斌松（漳州卫生职业学院）

周谊霞（贵州医科大学护理学院）

周银玲（长春医学高等专科学校）

庞　燕（四川护理职业学院）

郑翠红（福建卫生职业技术学院）

钟云龙（四川护理职业学院）

洪玉兰（漳州卫生职业学院）

郭彩云（漳州卫生职业学院）

郭宝云（漳州卫生职业学院）

徐香兰（天津医学高等专科学校）

唐忠辉（漳州卫生职业学院）

谭　严（重庆三峡医药高等专科学校）

滕少康（漳州卫生职业学院）

薛　梅（天津医学高等专科学校）

秘　书　长　匡罗均（中国医药科技出版社）

办　公　室　赵燕宜（中国医药科技出版社）

王宇润（中国医药科技出版社）

黄艳梅（中国医药科技出版社）

张　虹（长春医学高等专科学校）

张琳琳（山东中医药高等专科学校）

张　瑜（山东医药技师学院）

李广元（山东中医药高等专科学校）

李本俊（辽宁卫生职业技术学院）

李　淼（漳州卫生职业学院）

杜金蕊（天津医学高等专科学校）

杨元娟（重庆医药高等专科学校）

杨文章（山东医药技师学院）

杨守娟（山东中医药高等专科学校）

杨丽珠（漳州卫生职业学院）

沈　力（重庆三峡医药高等专科学校）

沈小美（漳州卫生职业学院）

陈　文（惠州卫生职业学院）

陈兰云（廊坊卫生职业学院）

陈育青（漳州卫生职业学院）

陈美燕（漳州卫生职业学院）

庞　津（天津医学高等专科学校）

易东阳（重庆三峡医药高等专科学校）

林美珍（漳州卫生职业学院）

林莉莉（山东中医药高等专科学校）

郑开梅（天津医学高等专科学校）

金秀英（四川中医药高等专科学校）

金　艳（长春医学高等专科学校）

贺　伟（长春医学高等专科学校）

徐传庚（山东中医药高等专科学校）

高立霞（山东医药技师学院）

黄金敏（荆州职业技术学院）

靳丹虹（长春医学高等专科学校）

谭　宏（雅安职业技术学院）

魏启玉（四川中医药高等专科学校）

秘　书　长　匡罗均（中国医药科技出版社）

办　公　室　赵燕宜（中国医药科技出版社）

黄艳梅（中国医药科技出版社）

王宇润（中国医药科技出版社）

出版说明

　　全国高职高专公共课程规划教材是和全国高职高专护理类专业规划教材、全国高职高专药学类专业规划教材同期建设，是根据《国务院关于加快发展现代职业教育的决定》及《现代职业教育体系建设规划（2014～2020年）》等文件精神，在教育部、国家食品药品监督管理总局、国家卫生和计划生育委员会的领导和指导下，由全国高职高专护理类专业规划教材建设指导委员会、全国高职高专药学类专业规划教材建设指导委员会、中国医药科技出版社组织全国多所高职高专院校教学经验丰富的专家教师精心编撰而成。

　　本套教材在编写过程中，坚持以高职高专人才培养目标和公共课程教学标准为依据，充分体现高职高专教育特色，力求满足教学需要和社会需要，着力提高学生人文素养和身心健康；坚持"三基""五性""三特定"的原则，并强调教材内容的针对性、实用性、先进性和条理性；坚持理论知识"必需、够用"为度，强调基本技能的培养；突出医药类专业公共课程的特色，适当吸收行业发展的新知识、新技术、新方法，适当拓展知识面，为学生后续发展奠定必要的基础。

　　在教材中使用形式活泼的编写模块和小栏目，如"学习目标""知识链接""案例""任务情境""目标检测"等，以及尽量增加图表如操作步骤的流程图、示例图，从而更好地适应高职高专学生的认知特点，增强教材的可读性。

　　本轮教材在建设过程中，为适应当前教育信息化发展的需要，加快推进"互联网+医药教育"，提升教学效率，为师生搭建与纸质教材配套的"中国医药科技出版社在线学习平台"（含数字教材、教学课件、图片、视频、动画及练习题等），从而使教学资源更加多样化、立体化，更好地实现教学信息发布、师生答疑交流、学生在线测试、教学资源拓展等功能，促进学生自主学习。

本轮建设包括：6 种公共课程规划教材，适合医药类所有专业教学使用；26 种全国高职高专护理类专业规划教材，适合全国高职高专护理、助产类及相关专业师生教学使用；27 种全国高职高专药学类专业规划教材，适合全国高职高专药学类、中药学类及其相关专业使用，也可供医药行业从业人员继续教育和培训使用。

在编写教材过程中，得到了教育部、全国卫生职业教育教学指导委员会、全国食品药品职业教育教学指导委员会专家的悉心指导，以及全国各有关院校领导和编者的大力支持，在此一并表示衷心感谢。希望本套教材的出版，将会受到全国高职高专院校广大师生的欢迎，对促进我国高职高专教育教学改革和人才培养做出积极贡献。希望广大师生在教学中积极使用本套教材，并提出宝贵意见，以便修订完善，共同打造精品教材。

中国医药科技出版社

2015 年 7 月

全国高职高专公共课程规划教材

（供医药类专业使用）

序号	名　称	主　编	书　号
1	大学生心理健康教育 *	郑开梅	978-7-5067-7531-1
2	应用文写作	金秀英	978-7-5067-7529-8
3	医药信息技术基础 *	金　艳　庞　津	978-7-5067-7534-2
4	体育与健康	杜金蕊　尹　航	978-7-5067-7533-5
5	大学生就业指导	陈兰云　王　凯	978-7-5067-7530-4
6	公共关系基础	沈小美　谭　宏	978-7-5067-7532-8

"＊"示本教材配套有"中国医药科技出版社在线学习平台"。

全国高职高专护理类专业规划教材

（供护理和助产类专业使用）

序号	名　称	主　编	书　号
1	人体解剖学与组织胚胎学 *	滕少康　汲　军	978-7-5067-7467-3
2	生理学	张　健　张　敏	978-7-5067-7468-0
3	病原生物与免疫学	曹元应　徐香兰	978-7-5067-7469-7
4	病理学与病理生理学	唐忠辉　甘　萍	978-7-5067-7470-3
5	护理药理学	张　庆　陈淑瑜	978-7-5067-7471-0
6	预防医学	朱　霖　林斌松	978-7-5067-7472-7
7	护理礼仪与人际沟通	王亚宁　洪玉兰	978-7-5067-7473-4
8	基础护理与技术	李丽娟　付能荣	978-7-5067-7474-1
9	健康评估	陈瑄瑄　钟云龙	978-7-5067-7475-8
10	护理心理学	李正姐	978-7-5067-7476-5
11	护理伦理与法规	陈秋云	978-7-5067-7477-2
12	社区护理学 *	郑翠红　刘　勇	978-7-5067-7478-9
13	老年护理学	王春霞　汪芝碧	978-7-5067-7479-6
14	中医护理学	郭宝云　张亚军	978-7-5067-7480-2
15	内科护理学 *	陈宽林　王　刚	978-7-5067-7481-9
16	外科护理学 *	陈玉喜　张　德	978-7-5067-7482-6
17	妇产科护理学 *	尹　红　杨小玉	978-7-5067-7483-3
18	儿科护理学	兰　萌　王晓菊	978-7-5067-7484-0
19	急危重症护理	张　荣　李钟锋	978-7-5067-7485-7
20	康复护理学	谭　工　邱　波	978-7-5067-7486-4
21	护理管理学	郭彩云　刘耀辉	978-7-5067-7487-1
22	传染病护理学 *	李大权	978-7-5067-7488-8
23	助产学	杨　峥	978-7-5067-7490-1
24	五官科护理学 *	王珊珊　庞　燕	978-7-5067-7491-8
25	妇科护理学 *	陈顺萍　谭　严	978-7-5067-7492-5
26	护理临床思维及技能综合应用 *	薛　梅	978-7-5067-7466-6

"＊"示本教材配套有"中国医药科技出版社在线学习平台"。

全国高职高专药学类专业规划教材目录

（供高职高专药学类、中药学类专业使用）

序号	名　称	主　编	书　号
1	无机化学	刘洪波	978-7-5067-7511-3
2	有机化学 *	王志江　刘建升	978-7-5067-7520-5
3	分析化学	靳丹虹	978-7-5067-7505-2
4	生物化学	付达华　张淑芳	978-7-5067-7508-3
5	药理学	杨丽珠	978-7-5067-7512-0
6	药物制剂技术 *	张炳盛　王　峰	978-7-5067-7517-5
7	药物分析技术	金　虹　杨元娟	978-7-5067-7515-1
8	药物化学	黄金敏　方应权	978-7-5067-7516-8
9	GMP 实务 *	马丽虹　许一平	978-7-5067-7503-8
10	人体解剖生理学	贺　伟　魏启玉	978-7-5067-7507-6
11	静脉用药集中调配实用技术	王秋香	978-7-5067-7509-0
12	中药储存与养护	陈　文　刘　岩	978-7-5067-7521-2
13	天然药物化学 *	冯彬彬	978-7-5067-7510-6
14	中药炮制技术 *	李松涛　陈美燕	978-7-5067-7525-0
15	中药制剂技术	张利华　易东阳	978-7-5067-7527-4
16	中医药学概论 *	张　虹　李本俊	978-7-5067-7502-1
17	中医学基础 *	白正勇	978-7-5067-7528-1
18	中药学 *	李　淼	978-7-5067-7526-7
19	中药鉴定技术	陈育青　李建民	978-7-5067-7524-3
20	药用植物学 *	林美珍　张建海	978-7-5067-7518-2
21	中药调剂 *	杨守娟	978-7-5067-7522-9
22	中药化学实用技术	高立霞	978-7-5067-7523-6
23	药事管理与法规 *	张琳琳　沈　力	978 7 5067 7514 4
24	临床医学概要 *	李广元	978-7-5067-7506-9
25	药品营销心理学	徐传庚　刘　婕	978-7-5067-7519-9
26	GSP 实务 *	张　瑜	978-7-5067-7504-5
27	药品市场营销学 *	杨文章　林莉莉	978-7-5067-7513-7

"＊" 示该教材配套有 "中国医药科技出版社在线学习平台"。

公共关系是伴随着人类文明的萌芽和发展而产生和成熟的，纵观古今中外，公共关系历来就是商品文明阶段一个不容忽视的社会内容。在迅猛发展的市场经济环境中，公共关系工作成效对社会组织事业的影响不断凸显，从业人员的公关意识和技能受到各行各业用人单位的关注和重视，并逐步作用于个人职业成长过程。

《公共关系基础》的编写以贯彻教育部 2014 年全国职业教育工作会议精神为主旨，适应现代职业教育体系建设的要求，适应新职教环境下全国高职高专专业教育改革和发展的需要，坚持以培养高素质技术技能型人才为核心，以就业为导向、能力为本位、学生为主体的指导思想和原则，确立本课程的编写大纲和课程标准。本教材基于经营管理与服务等专业的工作过程，充分考虑高职学生的认知水平和职业需要，精心安排知识点和技能目标，凝练公共关系基础理论，细化公共关系实务技术技能，采用"项目导向、任务引领"体例编写，内容包括"公共关系基础理论""公共关系从业人员基本技能"和"公共关系职业素养"。"公共关系基础理论"模块下设"认知公共关系"和"认知公共关系机构与从业标准"两个项目、含有五个教学任务；"公共关系从业人员基本技能"模块下设"公共关系工作程序""公共关系专题活动""公共关系的协调沟通""公共关系营销""危机管理"等五个项目、含有十九个教学任务；"公共关系职业素养"模块下设"公关文书"和"公关形象塑造"两个模块、含有七个教学任务。

本教材编写过程中，我们参考了国内外公共关系专家、学者的相关研究成果，借此深表谢意。由于参编人员学识水平有限，编写付梓时间较短，不免有疏漏，恳请诸君不吝惠正。

编者
2015 年夏

目录 contents

项目一　认知公共关系

学习目标

知识要求

1. 掌握公共关系的定义和基本特征。
2. 熟悉公共关系的构成要素和发展历史。
3. 了解公共关系的现实意义。

技能要求

1. 能够准确分析公共事件的特征和应对策略。
2. 能说出各个历史时期，公共关系活动的特点。

公共关系是商品经济发展的必然产物，是一门有百年历史又历久弥新的理论，也是一项综合各种人文素养的内化技能。在我国迅猛发展的市场经济环境下，任何组织或个人，只有处理好公共关系，才能取得目标的实现。所以，掌握并熟练运用公共关系基础理论和实务技术，帮助社会组织创设协调发展的公共环境，是事业发展的需要，也是社会进步的要求。

任务一　什么是公共关系

案例导入

2008 年的三聚氰胺事件又称奶制品污染事件，起因是很多食用三鹿集团生产的奶粉的婴儿被发现患有肾结石，随后在其奶粉中发现化工原料三聚氰胺。根据公布数字，截至 2008 年 9 月 21 日，内地因使用婴幼儿奶粉而接受门诊治疗且已康复的婴幼儿累计39 965 人，正在住院的有 12 892 人，此前已治愈出院 1579 人，死亡 4 人。另外，截至9 月 25 日，香港有 5 个人、澳门有 1 人确诊患病。事件引起各国的高度关注和对乳制品安全的担忧。中国国家质检总局公布对国内生产的婴幼儿奶粉的三聚氰胺检验报告后，事件迅速恶化，包括伊利、蒙牛、光明、圣元及雅士利在内的多个厂家的奶粉都检出三聚氰胺。该事件重创中国制造商品信誉，多个国家禁止了中国乳制品进口。9 月24 日，中国国家质检总局表示，乳制品事件已得到控制，9 月 14 日以后新生产的酸乳、巴氏杀菌乳、灭菌乳等主要品种的液态奶样本的三聚氰胺抽样检测中均未检出三聚氰胺。2010 年 9 月，中国多地政府下达最后通牒：若在 2010 年 9 月 30 日前上缴

2008 年的问题奶粉，不处罚。2011 年中国中央电视台《每周质量报告》调查发现，仍有 7 成中国民众不敢买国产奶。

【问题讨论】

三聚氰胺事件损害了公众的利益，企业的美誉度也降到了最低点，最终导致企业亏损或破产。这件事情，体现了公共关系在企业生存中的重要性。那么，什么是公共关系呢？

知 识 平 台

"公共关系"是英文 public relations 的汉语译名（缩写为 PR）。public 是公共的、公众的意思，relations 的意思是关系，整体译名为"公众关系"或"公共关系"简称"公关"。

一、公共关系的定义

公共关系的定义种类繁多，众口不一，还没有一个统一的、固定的定义，很多定义都从一个侧面反映了公共关系的本质。在各种定义中，最通俗的定义是：

公共关系是社会组织为了塑造自身形象，运用传播手段，与公众进行双向交流，以达到相互理解、信任和支持的一门科学和艺术。

这个定义，可以从以下四个方面理解和把握。

1. 公共关系活动的根本目的　是塑造社会组织自身的良好形象，组织形象是公共关系理论的核心概念，是贯穿公共关系理论和运作的一条主线。

2. 公共关系的手段主要依靠传播，要通过传媒来沟通　一个社会组织为了开展活动，就要取得公众的理解、支持与合作。与公众建立有效沟通的途径，主要通过各种传播媒介和传播活动将相关信息发布、扩散给社会，并寻求反馈。通过这些有效沟通，了解公众的意见、情绪、态度和动向，从而使该组织适应公众的要求，同时调整和规范自己的公共关系活动。

3. 公共关系活动是一种双向交流的信息沟通活动　社会组织和公众之间的双向信息交流，是公共关系活动的主要内容。社会组织的信息发布，会诱发社会公众的购买兴趣和购买行为。同时，社会组织又可借助信息的反馈来了解社会公众对该组织的意见和要求，借以调整和改善组织的业务和公共关系活动。通过这种双向的信息交流，社会组织与公众之间增进了解、信任、支持与合作，从而保证和促进双方公共关系的顺利开展。

4. 公共关系是一门科学，又是一门艺术　从理论上讲，公共关系是一门科学，它有比较完整的科学体系；从运作上讲，它是一门艺术，对公共关系这门艺术掌握和运用的水平，直接影响社会组织在公众心目中的形象。所以说，公共关系是科学与艺术的统一体。

二、公共关系的基本特征

公共关系作为一门科学和艺术，具有一些共同特征。从大量的公共关系活动中，可以归纳出以下六个基本特征：

（一）以相关公众为对象

公共关系是指一定社会组织与相关的社会公众之间的相互关系。社会组织是公共关系的主体，公众是公共关系的客体。组织和公众之间的矛盾是公共关系的基本矛盾。公共关系的发展，直接影响社会组织的生存和发展。公众在公共关系中，是社会组织的最终评价者，公众的舆论和评价是社会组织生存和发展的关键。所以，公共关系的策划者和实施者必须始终将公众视为自己的"上帝"。

（二）以美誉为目标

公共关系活动的根本目的，是在公众中树立社会组织的良好形象，提高美誉度。只有树立了良好形象，提高了知名度，社会组织才能生存和发展。建立良好的形象，扩大组织的知名度，都是以提高组织的美誉度为基础。所以，塑造形象，提高组织的美誉度，是公共关系的核心问题。

组织的美誉度是指公众对组织的产品和服务的认可和赞赏程度，它不是由组织主观认定的，而是由公众评价的，反映组织在公众中的地位和信誉。组织的美誉度是组织发展最宝贵的无形财富。

（三）以传播为手段

信息的传播在公共关系中具有独特的地位，没有传播，主客体之间的沟通就没有桥梁，社会组织的美誉也无从产生，互惠互利也不可能实现。社会组织利用传播手段去建立和维护与公众之间的交流与合作，去影响和了解公众的意见、态度和行为，这是公共关系与其他管理工作的主要区别。传播是公共关系活动计划得以实施，活动目的得以实现的主要手段。

（四）以利益为纽带，以双赢为原则

社会组织和公众之间的关系是一种平等关系，双方都有自己的利益诉求。只有以利益为纽带，达到互惠共赢，才能得到公众持久的支持，社会组织也才能长久地生存和发展。公共关系活动就是协调组织与公众之间的利益诉求，实现双方利益最大化的活动。所以，要以利益为纽带，双赢为原则。

（五）以长远为方针

公共关系活动是一项长期的、有计划的系统工程。社会组织与公众之间建立起良好的关系，获得较高的美誉度，是需要经过长期艰苦努力的。社会组织要着眼于长期效益，有计划、有步骤地进行公共关系活动，不追求短期的经济利益，把眼光放得长远一些，把增加社会组织的公众美誉度作为自己的工作目标。

（六）以真诚为信条

公共关系既然以美誉为目标，就必须以真诚为信条，真诚是美誉的根基。社会组织在对公众进行信息传播的时候，如果传播虚假信息，等同于给自己埋下地雷，随时都有引爆的可能。只有真诚才能取信于公众，只有真诚才能赢得长久的合作。追求真实，是公共关系的基本原则。把真相第一时间告诉公众，才能取得公众的信任、理解和支持。真诚是公共关系的信条。

三、公共关系的构成要素

公共关系是组织和公众之间的关系，连接组织和公众之间的桥梁是传播。所以，

社会组织、公众、传播是构成公共关系的三大要素。社会组织是公共关系的主体，公众是客体，传播是媒介。

（一）社会组织

社会组织简称组织，是人们有计划、有组织地建立起来的一种社会机构。在公共关系活动中，组织是公共关系活动的主体，是公共关系的实施者、承担者。

在公共关系学习中，通常把组织分为四种类型。

1. 营利性组织 以营利为目的，追求经济利益最大化的组织，如工商企业、旅游服务业、保险公司、金融机构等。

2. 服务性组织 以服务对象的利益为目标的组织，包括学校、医院、慈善机构、社会公用事业机构等。

3. 公益性组织 通常指为整个社会和一般公众服务的组织，如政府、军队、消防、治安机关等。

4. 互利性组织 以内部成员间互获利益为目标的组织，这类组织追求的是组织内部成员之间的互惠互利，如政党、工会、职业团体（学会、协会、研究会等）、宗教团体等。

（二）公众

公共关系中的"公众"是一个特定的范畴，是针对公共关系的主体（社会组织）而言的公众。在公共关系中，公众是与社会组织发生一定关系的个人或群体的总和，是公共关系工作对象的总称。这些个人、群体或组织构成社会组织的公众环境，社会组织的公共关系工作就是针对这个公众环境进行的。

公众作为公共关系的客体，在公共关系的活动中处于被作用的地位，但它同样可以反作用于社会组织。公众的观点、意见、态度和行为，直接影响到社会组织的前途和命运。

（三）传播

传播是公共关系活动的手段，是公共关系的媒介，也是公共关系活动的过程。公共关系正是通过传播来传递信息、协调公众行为和塑造良好组织形象的。没有传播，就无法在社会组织与公众之间建立联系，公共关系也无从谈起。

现代意义上的传播是指个人、组织和社会之间的信息传递、接收、反馈、分享等双向、多向沟通的过程。公共关系的传播是指传播双方通过一定媒介，使信息达到、交换、融通和分享的过程，是社会组织运用各种媒介，将自身的信息或观点，有计划地与公众进行交流的沟通活动。

公共关系传播有四种方式。

一是个体自身传播，也称自我传播、自我交流，即信息的传递者和接收者是同一个体，个人而言表现为自言自语、自省自警、自我陶醉。

二是人际传播，指在交往过程中人们互相传递和交换信息的活动，它是公共关系活动中最常用、最广泛、最直接的传播方式，表现为组织内部成员之间的沟通和组织外部公众之间的沟通。分面对面传播（如讨论、演讲、会议等）和非面对面（如书信、电话、电视、短信、微信等）两个类型。

三是组织传播，指团体与团体、部门与部门、组织与成员的信息传递活动，有正式传播与非正式传播两种性质，分自上而下、自下而上、平行流动三个类型。

四是大众传播，指职业传播者通过大众传播渠道（如报纸、书刊、广播、电视、电影、网络），向社会公众传递信息的活动，信息传递的单向性使大众传播缺乏直接、快速的信息反馈渠道。

公共关系活动中应该综合应用各种传播方式，才能确保信息传播的持续一致，确保组织形象的完整、统一。

活动设计

假如你要开一家眼镜销售商店，为了生意能够越来越好，必须开展业务宣传活动。

【小组讨论】

1. 采用哪些公共关系传播？
2. 锁定哪些目标公众？

任务二　公共关系的发展历史与现实

案例导入

公共关系作为一种社会组织向公众环境进行的传播和沟通活动自古就有，下面几个例子就能说明只要有人类的集群生活，就有组织和成员间的传播与交流。

考古学家发现，远在公园前 1800 年，伊拉克的农业公告就像现代社会的某些公共关系部的宣传资料。当时伊拉克政府发布的农业公告中，告诉农民如何播种，如何灌溉，如何对付田地里的老鼠，如何收获庄稼。这一发现成为人类历史上最早的公共关系活动痕迹。

古代的埃及、巴比伦、波斯等国的统治者，都曾运用舆论的手段来处理与民众的关系，他们动用大量金钱和人力，建造雕像、寺院、方尖碑、金字塔等，用精湛的艺术，描述他们的英雄功勋，树立他们的美好声誉，宣扬自己身份的伟大和神圣，通过控制舆论来处理与民众的关系。

古罗马时代，独裁统治者凯撒精通公共关系活动。他在高卢战争之前，就散发各种宣传单来赢得民众的支持。在高卢战争过程中，他将自己的军旅生活、战斗情况都写成报告，派人送往罗马，并在罗马广场上传诵，为自己在民众心目中树立威望，铺平了通往皇帝宝座的道路。他的战况报告，最后整理成《高卢战记》，广为流传，成了"第一流的公共关系著作"。同时，他还发行了世界上最早的日报《每日记闻》，作为自己与臣民沟通的工具。

中国古代很早就出现了公共关系的萌芽。春秋战国时期，国家分裂，社会动荡不安，各种思想、言论激烈碰撞，形成"百家争鸣"的局面。当时的士大夫阶层深受诸侯君王的器重，他们著书立说，游说成风，其行为类似于今天的公共关系活动。

【问题讨论】

以上这些案例说明，公共关系活动的进行需要怎样的社会经济环境？

知识平台

一、现代公共关系的发展历史

古代的公共关系活动，没有理论上的概括和研究，没有独立的思想体系。因此，古代的公共关系活动还不能称为真正意义上的公共关系活动。但是，它为现代公共关系的产生和发展奠定了基础。

（一）现代公共关系的兴起阶段——"巴纳姆时期"

现代公共关系活动从19世纪中叶的美国报刊运动开始。19世纪30年代，美国报刊史上出现大量印发的通俗报刊"便士报"。马戏团团长巴纳姆在"便士报"上编造了这样一个神话：马戏团有位名叫海斯的黑人女奴，曾在100年前养育过美国第一任总统乔治·华盛顿。

报纸披露这一消息后，引起轩然大波。巴纳姆借机以不同笔名向报社寄去各种观点的"读者来信"，人为地展开争论，扩大影响。

巴纳姆的"神话"给巴纳姆带来滚滚财源，但他所编造的"神话"是虚假的，是欺骗公众的。巴纳姆时代的公共关系因此被称为"公众受愚弄时期"。那时的公共关系活动，主要是欺骗公众，愚弄公众，和现代公共关系的宗旨相背离。但是，这个时期的报刊宣传活动，已经具备了公共关系活动的三要素，是现代公共关系的兴起阶段。

（二）现代公共关系的职业化阶段——"揭丑运动"

19世纪末至20世纪初，以美国为首的西方资本主义国家相继进入垄断资本主义阶段，垄断财团为了获取最大利润，全然不顾社会道德和广大民众的利益，大肆搜刮民脂民膏，激化劳资关系和社会矛盾。在此情况下，爆发了揭露工商企业的丑闻和阴暗面为主题的新闻揭丑运动，也称为"扒粪运动"。在此期间，各种报纸杂志上的相关文章高达2000多篇，许多大企业和资本家声名狼藉。

刚开始，垄断财团试图采用高压手段来平息舆论，他们对新闻界采取恐吓威胁，利益相逼，贿赂收买，甚至自己办报宣传，继续杜撰对自己有利的神话故事来掩盖企业自身的种种问题，但结果都是吃力不讨好，抗议活动迅猛高涨。在这种形势下，工商界终于认识到欺骗和打压已经不能解决问题，只有真实地传播信息，考虑公众需要，才能改善企业与公众的关系。就这样，一种新型的职业诞生，它就是现代公共关系职业。

艾维·李（1877~1934年）是美国佐治亚州一个牧师的儿子，毕业于普林斯顿大学，曾就学于哈佛大学法学院。他曾经是《纽约时报》和《纽约世界报》记者，1903年，艾维·李辞去了《纽约世界报》记者的职务，开始投身于公共关系方面的工作。1904年，他与资深记者乔治·帕克一起，创立了美国第三家宣传事务顾问所，为一些企业家和政治家进行形象方面的宣传。艾维·李认为，企业与社会公众关系紧张的原因是双方缺乏沟通，无法建立理解、同情和相互支持的关系。艾维·李跟垄断寡头不同，他采取"说真话""讲实情"的方法处理公共关系，他的信条是"公众必须被告知"。他将公众利益与诚实守信带进公共关系领域，使公共关系活动有一定的原则和方法，大大推动公共关系活动的发展。艾维·李后来被誉为"公共关系之父"。

1906 年，美国无烟煤矿发生工人大罢工，劳资双方尖锐对立。艾维·李临危受命，负责处理这起严重事故。他提出两个先决条件，一是必须有权参与行业最高决策者的相关会议；二是必须有权向社会公开全部事实真相。在这两个基础上，艾维·李向新闻界发表具有里程碑性质的《原则宣言》。在《原则宣言》中，他指出："我们的责任是代表企业单位及其公众组织，就公众关心并与公众利益相关的问题，向新闻界和公众提供迅速而真实的消息。"这一原则的提出，彻底改变企业宣传愚弄公众、欺骗新闻界的传统，为日后公共关系的进一步发展奠定良好的基础。《原则宣言》的提出，标志着公共关系进入一个新的阶段，是现代公共关系的真正开端。

（三）现代公共关系建立科学体系阶段

在艾维·李的带动下，公共关系作为一项职业得到充分的发展，公共关系逐渐由简单零碎的活动，上升为系统的、完整的、专业的活动，并逐步形成公共关系的原则和方法，成为一门独立的学科，自立于学科之林。在这种背景下，美国学者爱德华·伯尼斯认真研究公共关系理论，并以其杰出的成果，成为公共关系学的创始人，使公共关系进入学科化阶段。

1923 年，伯尼斯出版《公众舆论之形成》一书。这是第一部研究公共关系理论的专著，因而被视为公共关系发展史上的一个里程碑。在这本书中，他对公共关系的实践进行系统的研究，使之形成一整套理论。他提出"投公众所好"的原则，主张一个企业或组织在决策之前，应该首先了解公众的喜好、需要，在确定公众的价值取向之后，再有目的地从事宣传工作，以便迎合公众的需要。

伯尼斯的思想比艾维·李前进了一步，他不仅在事情发生之后去对公众说真话，而且要求企业通过对公众的调查，根据公众的态度开展公关活动。同时，他将艾维·李的活动与 1897 年美国《铁路文献年鉴》中出现的"公共关系"一词结合起来，使这一词语具有科学的含义，并在社会上流行开来。从此，公共关系正式从新闻领域分离出来，成为一门独立而系统的管理科学。1928 年，伯尼斯出版《舆论》一书阐释他的观点。1952 年，他出版《公共关系学》教材，对公共关系理论进行更为系统、详尽的阐述。

1947 年，波士顿大学成立第一所公共关系学院，公共关系正式进入学科化阶段，公共关系学以强烈的时代性和强大的实用性，迅速崛起。

二、现代公共关系的发展现实

20 世纪 20 年代后，公共关系首先在美国，继而在国际范围内得到迅速发展。20 世纪 50 年代以后，公共关系的实践和理论进入了一个全新的发展时期。

（一）现代公共关系在西方的快速发展

20 世纪 30 年代中期，美国经济开始复苏，许多企业认识到自己的发展仰赖于良好的公共关系，自己的形象和声誉是企业经营的必要条件，于是纷纷成立自己的公共关系部。

1937 年美国《商业周刊》发表一篇公共关系职业统计报告，根据这份报告，当时全美有 5000 名公共关系从业人员，有 250 家公共关系顾问公司，全美数百家最大的公司中，有 20% 设立公共关系部。

1948 年美国全国公共关系协会宣告成立。公共关系在更广泛的范围内被人们所接受，公共关系教育也进一步发展。1960 年，美国公共关系的从业人员达到 10 万人，职业公关公司 1350 家，75% 的企业设立公共关系部。到 1985 年，公共关系从业人员到达 15 万人，公关公司超过 2000 家，85% 的企业设立公共关系部或者长期外聘公关顾问。

伟达公关公司，1927 年成立于美国俄亥俄州克利夫兰，是全球最大的公关公司之一。1998 年伟达公司的总收入 2.06 亿美元，在世界上排名第二。2006 年，伟达公司被聘为 2008 年北京奥运会的传播顾问，为成功举办北京奥运会做出贡献。现代美国，公关事业蓬勃发展。

除了美国，国际范围内的公共关系事业也迅猛发展。

1948 年，英国成立公共关系协会，拥有英联邦的 50 多个国家和地区的 2500 个会员。

1955 年，法国公共关系协会成立，同时，德国、意大利、荷兰、挪威等西欧国家的公共关系也积极地发展起来。

1964 年，日本公共关系协会成立。

1967 年，英国公共关系顾问协会成立，至今已有 170 多家分支机构。

20 世纪 50 年代以后，公共关系的思想和实践也开始流入第三世界国家，在东南亚、拉美和非洲各国生根开花。

1955 年，国际公共关系协会（IPRA）在伦敦成立，当时有会员 20 多个，出版《国际公共关系协会通讯》和《国际公共关系评论》两本杂志。以后会员不断增加，成为世界上最大的公共关系协会。现在它的总部在瑞士日内瓦，已经有 60 个国家或地区的 760 名会员，在全世界有很大的代表性。国际公关协会的诞生，标志着公共关系作为一门世界性的行业而独立存在。

（二）现代公共关系在中国的发展

19 世纪 50 年代初，现代公共关系首先进入中国香港地区，一些跨国公司在那里设立分公司，内部建立公共关系部，聘用受过专业训练的公共关系人员从事公关工作，使得公共关系一开始就具有较高的发展水平。此后，一些企业如酒店、宾馆等纷纷效仿，设立自己的公共关系机构，公共关系从业人员增多，公共关系人员的教育、培训以及公共关系的理论水平也不断提高。

20 世纪 80 年代，中国内地引入公共关系，公共关系作为一种新的经营管理方法和技术，在中国内地迅速传播。公共关系在内地的发展，主要经历以下几个时期。

1. 引进、开创时期（1980~1985） 20 世纪 80 年代初，中国改革开放的前沿阵地，比如深圳特区，一些外商率先在公司参照海外母公司的经营管理模式，设立公共关系部，招聘一批公共关系从业人员，开始中国内地早期的公共关系业务。

2. 适应发展的时期（1986~1993） 公共关系业务经过中国大陆本土的消化，具备了良好的发展势头，有效促进公共关系的职业化、学科化的发展。这个时期，一批有识之士把公共关系理论结合中国的经济、政治、文化特点，进行有效的探索。

3. 普及运用时期（1994 年至今） 从 1994 年开始，公共关系作为一种管理功能，被引入各行各业的管理领域，形象管理理念深入人心，各行各业开始出现公共关系职能部门，开始重视运用公共关系的手段加强对组织和公众的管理。

三、现代公共关系对我国发展的意义

现代公共关系在中国的产生和发展，是改革开放，发展社会主义市场经济的需要，是建设社会主义精神文明的需要，是进行国际交流与合作的需要。具体表现为以下几个方面。

1. 现代公共关系的发展能够促使市场经济更加充满活力 我国已经加入世界贸易组织，处在改革开放的重要阶段，产生于西方工业社会市场经济条件下的现代公共关系，能够使改革开放更顺利地发展，帮助企业处理好组织之间，组织与内部公众之间，组织与消费者、传播媒介、社会团体以及竞争者之间的复杂关系。

2. 现代公共关系的发展有利于社会稳定 公正、透明、守信、互惠是现代公共关系的基本原则。推动现代公共关系的发展，能够帮助政府增加政策的透明度，能够增强群众对各项改革措施的充分认识和支持，能够协调社会公众与政府、企业及其他社会组织的关系，促进社会交往，增加社会协商对话，推动精神文明建设。

3. 现代公共关系的发展能够增强社会组织的活力 运用好现代公共关系，能有效地减少社会组织之间及社会组织与社会公众之间的摩擦，塑造社会组织的美好形象，提高组织的知名度。信誉和形象已经成为社会组织的无形资产和财富，为社会组织赢得竞争优势，保证社会组织的持续发展，提高组织的经济效益和社会效益服务，最终提高社会整体效益。

4. 现代公共关系的发展有利于人的全面发展 公共关系倡导人与人之间的友好相处，建立互助合作关系，力求以双赢取代残酷竞争。在人际交往中，遵守社会道德规范，讲究文明礼貌，注重沟通和协作，注重良好形象的塑造，追求技巧性的交往方法，这些都有利于提高人的素质。由于公共关系融合众多的社会科学知识，学习公共关系的同时，有助于拓展知识，提高管理能力，开发创造性的思维能力，培养较好的语言表达能力和人际交往能力，所有这些都为人的全面发展提供良好的条件。

目标检测

一、填空题

1. 在公共关系发展历程中，被誉为"公共关系之父"的人物是_____。
2. 1952年，伯尼斯出版了《_____》教材。
3. 1955年，国际公共关系协会（IPRA）在_____成立。

二、简答题

1. 公共关系在中国大陆的发展分为几个阶段？各有什么特点？
2. 公共关系对我国的发展有什么现实意义？
3. 经济发展与公共关系活动的关系如何？
4. 现代公共关系有哪三个发展阶段？

项目二　公共关系机构与从业标准

✂ **学习目标**

知识要求

1. 掌握公共关系的从业标准与职业道德规范。
2. 熟悉公共关系机构的定义与类型。
3. 了解公共关系人员的素质要求。

技能要求

具备公共关系人员的素质要求和职业道德规范标准，能够准确评价从业
人员在具体公关事件中的表现。

任务一　公共关系机构

知识平台

社会组织为保持组织形象的完整统一和信息传播的一致，在公共关系活动中都会
设置相对固定的机构负责其公共关系活动的执行。那么社会组织可以设置怎样的机构，
如何设置机构，机构如何提供具体的公关服务呢？

一、公共关系机构定义

公共关系机构是组织内部从事公关工作的部门和社会上提供公关服务和代理的组
织的总称。

二、公共关系机构分类

公共关系机构主要分三类：一是社会组织内部设立的公共关系部；二是社会上成
立的公共关系公司；三是公共关系界成立的公共关系协会。

（一）公共关系部

1. 公共关系部定义　是社会组织内部自行设立的专门负责处理公共关系事务的部
门或机构。公共关系部是社会组织公关职能部门常用的名称。从事公共关系工作的部
门也多称之为公共关系部、公共事务部、公共广告部、对外关系部、信息广告部、社
区关系部、市场推广部等。

2. 公共关系部的类型

（1）部门所属型　部门所属型的公关部通常附属于行政部门、销售部门，或广告宣传部门。其地位不是很突出。公关工作只是一种偶然性的活动，一般适合小型企业组织采用。

（2）部门直属型　部门直属型公关部与组织所设的其他部门处于同一层次，是二级部门，地位十分突出，当然要成功地开展工作，就要积极与其他部门密切配合。

（3）领导直属型　领导直属型的公关部从组织系统和组织地位来看，属于第三级机构，公关部归属于部门经理负责领导，是一个有相当自主权的职能机构。这种设置类型综合以上两种类型的优点，有利于公关工作灵活、全面地开展。

（4）职能分散型　在许多企业的机构设置系列中，不设公共关系部，但可将公共关系的职能分解在其他部门。如有的企业在营销部门中有专门从事企业及产品形象宣传和调研工作，在宣传部门中，有专门负责与新闻媒介联系的工作等。

3. 公共关系部的工作内容　公共关系部的工作主要包括内部关系协调、外部关系协调和专业技术等三方面。

（1）从事内部关系的协调　包括员工关系、部门关系、股东关系、干群关系等。其具体工作有：与员工沟通；教育引导组织的员工增加公关意识，真正实现"全员公关"；编辑、出版内部刊物；收集组织内部员工的各种意见；参加董事会及生产、销售及其他主要部门的会议；为领导层确定公共关系目标提供方案，并为其他决策提供咨询；培训公共关系工作人员等。

（2）从事外部关系的协调　主要涉及媒介关系、政府关系、社区关系等。其具体工作有：负责同新闻媒介、出版机构的合作关系；负责同政府有关部门的联系；负责与社区的联系；对消费者进行产品促销活动；进行各种礼宾接待工作等。

（3）专业技术工作　其具体工作有：组织安排社会组织的庆典活动；组织安排开（闭）幕仪式；策划和组织纪念活动；举办记者招待会；安排社会组织领导人与新闻媒介的接触；举办展览会；举办参观活动；开展广告业务；负责图片、摄影等技术性工作；民意测验，进行舆论意见研究、制作等。

（二）公共关系公司

1. 公共关系公司定义　公共关系公司又称公关咨询公司，公关顾问公司，也称公关事务所，是指由公关专家和专业人员组成，独立于社会组织之外，以提供公关咨询服务为主要工作内容的知识密集型的专业机构。

2. 公共关系公司的类型　依据不同的划分方式，公共关系公司有多种类型。从国际上看，公共关系公司大致有以下几种类型。

（1）综合服务咨询公司　这类公共关系公司以分类公共关系专家（如媒介关系专家、消费者关系专家、社区关系专家、员工关系专家等）和公共关系技术专家（如演说专家、出版物专家、民意测验专家、宣传资料专家等）为主体组成。这类公司经济实力较为雄厚，业务范围广泛，能为客户提供多方面的综合性的服务。

（2）专项业务服务公司　即以各种专业人才、技术和设备为客户专门提供各种公共关系技术服务的公司。例如，为客户专门提供广告设计服务或专为客户提供形象调查服务等。

（3）特定行业服务公司　这类公共关系公司是为特定行业提供公共关系服务的公司。如帮助工商企业推广业务、促进经营、维护合法权益和树立良好形象的公共关系公司。

3. 公共关系公司的工作内容　公共关系公司的业务可分为咨询业务和代理业务，具体工作内容涉及以下几个方面。

（1）确立公共关系目标。通过协助客户开展调查研究，分析原因，提出解决问题的办法，进而确立公共关系目标。

（2）制定实施计划。根据已确定的公共关系目标，以及客户存在的实际问题，帮助客户制定出有效的公共关系计划，并协助客户实施公共关系计划。

（3）培训人员。接受客户委托训练公共关系人员，以提高他们的业务水平和工作能力。

（4）编制预算，帮助客户编制公共关系预算。

（5）协助客户开展内部公共关系工作。

（6）协助客户处理社会性事件，消除不良影响。

（7）帮助客户进行公共关系计划实施效果的评估。

（8）为社会组织提供一般公共关系关键性业务设备，如企业中的公共关系机构如何设置、公共关系人员如何培训，某个公共关系难题如何处理等。

（9）为客户提供公共关系一般业务服务，如帮助客户联系新闻媒介，策划专题活动，组织大型会议、撰写稿件等。

三、公共关系协会

定义公共关系协会是从事公关理论研究和实务工作的人按照一定的规章制度自发组织起来的民间群众团体。其宗旨是团结公关界同仁，研究公关理论，交流公关信息，开展公关咨询服务和公关培训，促进公关事业发展。

公共关系协会是一种特殊的公共关系组织，它既是广大公共关系专家、学者及公共关系爱好者组成的民间团体，同时又是公关界与政府、工商企业及其他组织相互联系的纽带与桥梁，其宗旨是宣传公共关系思想，普及公共关系知识，协调公共关系活动。

活动设计

组建公共关系部综合实训

【实训目标】

（1）强化对公共关系基本理论知识的理解。

（2）能根据社会组织的特点设计公共关系部组建方案，并明了各种公共关系从业人员的素质要求。

（3）树立公共关系意识，提高组织协调、交流沟通、团队合作能力。

【实训内容】

请帮助某公司设计一个公共关系机构的组建方案，就机构的设置、人员的配备、职责的确定等内容做出详细说明。

【操作步骤】

（1）5~6人为一组，主动联系一家公司，获得为其进行设计公共关系机构的组建方案的真实任务（如不能获得真实任务，可根据某一公司的背景材料模拟）。

（2）根据公司的实际情况为其设计公共关系机构的组建方案。

（3）向公司有关领导汇报、并在全班交流。

【成果形式】

（1）组织基本情况介绍。

（2）公共关系机构的组建方案。

（3）实训总结（PPT）。

任务二　公共关系人员

案例导入

公关部长的面试

一家公司准备招聘一名公关部长，经笔试筛选后，只剩8名应试者等待面试。面试限定他们每人在两分钟内对主考官的提问做出回答。当每位应试者进入考场时，主考官说的是同一句话："请您把大衣放好，在我面前坐下。"

然而，在进行面试的房间中，除了主考官使用的一张桌子和一把椅子外，什么东西也没有。有两名应试者听到主考官的话以后，不知所措，另有两名急得直掉眼泪；还有一名听到提问后，脱下自己的大衣，搁在主考官的桌子上，然后说了句："还有什么问题？"结果，这五名应试者全部被淘汰了。

剩下的三名应试者，一名听到主考官发问后，先是一愣，旋即脱下大衣，往右手上一搭，躬身致礼，轻轻地说道："这里没有椅子，我可以站着回答您的问题吗？"公司对这个人的评语是："有一定的应变能力，但创新开拓不足。彬彬有礼，能适应严格的管理制度，可用于财务和秘书部门。"另一名应试者听到问题后，马上回答道："既然没有椅子，就不用坐了。谢谢您的关心，我愿听候下一个问题。"公司对此人的评语是："守中略有攻，可先培养用于对内，然后再对外。"最后一名考生的反应是，听到主考官的发问后，他眼睛一眨，随即出门去，把候考时坐过的椅子搬进来，放在离主考官侧前约一米处，然后脱下自己的大衣，折好后放在椅子背后，自己就在椅子上端坐着。当"时间到"的铃声一响，他马上站起来，欠身一礼，说了声"谢谢"，便退出考试房间，把门轻轻地关上，公司对此人的评语是："不着一词而巧妙地回答了问题；性格富有开拓精神，加上笔试成绩佳，可以录用为公关部长。"

【问题讨论】

作为一名公共关系从业人员，最应该重视的是什么？

知识平台

一、公共关系人员定义

公共关系人员指专门从事组织机构公众信息传播、关系协调与形象管理事务的调查、咨询、策划和实施的人员。从狭义上讲是指以公关为职业的专职人员，包括组织内公关职能部门工作人员和社会上公关公司专业人员。从广义上讲是指从事与公关相关工作的专、兼职人员。从事公关工作的人员应该具备强烈的公关意识、良好的心理素质、全面的知识能力等基本素质，遵守公关职业道德准则。

二、公共关系人员的基本素质

（一）强烈的公关意识

1. 公共关系意识定义 公共关系意识也被称为"公共关系思想""公共关系观念"，是指一种尊重公众，自觉致力于塑造组织形象、传播沟通、争取公众理解与支持的观念和指导思想；是对公关知识的凝练，公关实践的升华，能对公关实践有指导作用。

2. 公共关系意识的主要内容

（1）服务公众意识 公共关系也叫公众关系，公关就是在做公众工作，公关人员必须有尊重和服务公众的意识，一切公关工作都要从维护公众利益出发，满足公众各方面的需求，投公众所好，为公众提供周到的服务。

（2）塑造形象意识 组织形象是公关传播工作的核心，社会组织都能认识到组织的形象、品牌、知晓度、美誉度对其生存发展的价值，良好的组织形象是组织最重要的无形资产。公关意识中最重要的就是珍惜信誉、重视形象。

（3）协调沟通意识 传播沟通的意识强调重视信息传播沟通，是一种平等民主、真诚互惠的意识。公关人员应该具备良好的协调意识，要遵循双向对称原则，平等竞争、公平合作，在沟通中寻求理解与支持，来增强组织内部的凝聚力和外部的和谐力，在沟通中谋求和谐发展。

（4）立足长远意识 立足长远的意识是塑造组织形象稳定性的要求，也是其艰苦性的表现。与公众建立良好的关系，不可能一蹴而就，需要经过努力，不断积累，才能成功。为此，公关人员要有长远眼光，既要立足于公关活动的经济效益，更要着眼于长期的公关战略目标，既要追求公关活动的经济效益，更要注重公关活动的社会效益。

（5）创新意识 创新意识能让公关工作保持活力，创新意味着更多收益。要想取得成绩，必须树立创新意识。

（6）法律意识 按照"依法治国"的要求，公共关系从业人员应该具备较强的法律意识，一切公共关系活动必须遵守国家法律。较强的法律意识可以使得公共关系从业人员在国家法律、法规的约束下进行公共关系活动，一旦发生问题或矛盾，也必须依据国家法律、法规进行调解或解决。

（二）良好的心理素质

良好的心理素质主要包括以下内容。

1. 充满自信　自信是指当面对现实或所要解决的问题时，能经过冷静的分析并进而产生的相信自己的乐观心态。公关工作复杂难办，只有充满自信，公关人员才能有强烈的事业心，意志坚强，创造性地开展工作。

2. 有开放的心态　公共关系工作是一项开放性的事业，具有开放心理的人才能热情宽容地与各类性格的人相处，并能建立良好的关系。开放的心理表现为关于接受新鲜事物，学习别人的长处，不断解放思想，更新观念，在工作中能够大胆开拓创新，积极探索。

3. 有热情乐观的心态　热情乐观的心理能使公共关系从业人员充满想象力和创造力，保持广泛的兴趣，用真诚的热情和乐观的精神去与人打交道，去帮助和感染对方，这样才能结交众多的朋友，更好地完成公关工作。

（三）全面的理论知识

公共关系既是一门多学科的理论，也是一门实践性强的实务，作为公关从业人员，必须掌握多方面的知识，具体知识包括：公关理论知识、经营管理知识、传播沟通知识、社会交往知识。

（四）熟练的操作技能

公关工作要求从业人员具有较全面的操作能力。如人际交往能力、组织协调能力、表达写作能力、创新策划能力等。此外，随着国际交往的加强，公关人员还应熟练地掌握一门或多门外语。

任务三　公关人员的职业道德和准则

案例导入

2015年3月9日上午，山东交运集团的普通司机宋洋驾车载着33名乘客，延济聊高速公路返回济南途中，突发脑干出血，在失去意识前的短短100秒内，他强忍病痛，拼尽最后一丝气力，用右手代替失去知觉的左手，成功完成减速变道、停靠应急车道、打开双闪警示灯、拉起手刹、开启车门疏散乘客等一系列安全操作，最后昏倒在方向盘上。经过11天的抢救，终因病情过重去世，年仅34岁——宋洋以其在生死刹那间的英勇壮举，交出了一张出色的人生答卷，被誉为山东"最美司机"。

【问题讨论】

宋洋以其默默地行为彰显了什么？对岗位的热爱、对乘客的责任，是不是属于道德范畴？

知识平台

一、公共关系职业道德

公共关系职业道德是社会职业道德规范的一部分，它是公共关系人员践行公共关

15

系职业道德规范的指导和要求。

1. 爱岗敬业　爱岗敬业是公共关系职业道德的核心和基础，主要是指热爱公共关系职业，具有崇高的事业心和责任感。

2. 诚实守信　诚实守信是公共关系职业道德的基石。在公共关系活动中就是要做到言行一致、恪守诺言。

3. 办事公道　办事公道是公共关系职业处理内外公众关系的重要行为准则。在面对公众对象开展公共关系活动的时候，公共关系人员应自觉遵守制订的各项约束制度，平等待人，秉公办事，清正廉洁。在与其他职业人员协同活动中要互相兼顾利益，相互合作，兼顾国家、集体、个人三者的利益，追求社会公正、维护公道。

4. 服务公众　服务公众是公共关系职业道德目标指向的最终归宿。在产品营销和售后服务过程中，需要公共关系人员具有服务公众的职业道德意识，竭诚为用户服务。要求公共关系人员千方百计满足用户的要求，为公众提供满意的服务。

5. 严守机密　公共关系人员在服务公众和客户的过程中，难免会了解客户的一些内部情况，这就要求公共关系人员严格恪守客户的业务秘密。在开展国际公关时，对涉及国家资源开发、政策制定、金融往来的内容也必须要严格保密。

二、公共关系职业道德准则

1. 遵纪守法，不损害社会道德和他人正当权益　任何一个国家的公共关系人员，或者在任何一国进行公共关系活动的人员，必须遵守该国基本的法律、法规和社会公认的道德规范，这是公共关系人员最基本的职业准则。

2. 忠于职守，自觉维护组织信誉　公共关系人员是代表某一组织进行公共关系工作的，应忠于职守，避免使用含糊或可能引起误解的语言；对当前和以往的客户或雇主都始终忠诚如一；在任何场合均应在行动中表现出他对所服务的机构和公众双方的正当权益的尊重，以赢得有关方面的信赖；不能借用公共关系的名义从事任何有损所属组织或公共关系信誉的活动。

3. 公正诚实，不传播虚假信息　公共关系人员在进行公共关系活动中，不能传播没有确凿依据的信息，或者为了个体利益故意传播虚假的或使人误解的信息。做好这一点既是公共关系人员对公众权益的尊重，也是从根本上长久维护组织良好信誉的保证。

目标检测

一、单项选择题

1. 公共关系机构是指组织内部从事公关工作的部门和社会上提供公关服务和
（　　）的总称

　　A. 代理的组织　　　B. 负责部门　　　　C. 服务　　　　　　D. 社会组织

2. 公共关系人员指专门从事组织机构公众信息传播、（　　）与形象管理事务的

调查、咨询、策划和实施的人员

  A. 关系协调   B. 公共关系   C. 对外关系   D. 沟通信息

  3. 公共关系职业道德是（ ）的一部分，它是公共关系人员践行公共关系职业道德规范的指导和要求

  A. 职业规范   B. 职业操守

  C. 职业道德   D. 社会职业道德规范

二、多项选择题

1. 公共关系机构主要包括哪三类（ ）

  A. 公共关系代理公司   B. 公共关系公司

  C. 公共关系协会   D. 公共关系有限公司

  E. 公共关系部

2. 公共关系部的类型（ ）

  A. 部门所属型   B. 领导直属型   C. 部门直属型

  D. 专业分散型   E. 职能分散型

3. 良好的心理素质主要包括（ ）

  A. 解放思想   B. 充满自信   C. 更新观念

  D. 开放的心态   E. 热情乐观的心态

三、简答题

1. 如何理解公共关系机构？

2. 公共关系人员的基本素质是什么？

3. 公共关系人员的职业道德和准则分别是什么？

项目三　公共关系的工作程序

公共关系工作程序概述

公关活动不同于人际交往或者日常事务活动，它是一种系统性的信息管理与传播工作，需要遵循一定的工作程序，而不是仅仅依赖个人感觉和经验行事、想要让一个组织在公众心目中树立起良好的形象，公关人员必须采取科学的方法，对各项活动进行周密的组织与计划。关于公共关系的具体工作程序，到目前为止最为人们认可的是由美国著名公关专家卡特利普和森特在"公关圣经"——《有效公共关系》一书中所提出的"四步工作法"，即把公关活动的程序分为公关调查、公关策划、公关实施、公关评估四个环节。逐步解决下列问题：

1. 活动背景的了解和问题的确定；

2. 具体应对计划与方案的设计；

3. 信息传播等公共关系活动的实施；

4. 活动效果与经验的总结与评估。

任务一　公共关系调查研究

公共关系调查是"四步工作法"的基础步骤和首要环节。通过公共关系调查，能够使组织准确地进行形象定位，塑造良好的组织形象。

案例导入

先搞清这些问题

有一家宾馆新设了一个公共关系部，开办伊始，该部就配备了豪华的办公室，漂亮迷人的公关小姐，现代化的通讯设备……但该部部长却发现无事可做。后来，这个部长请来了一位公共关系顾问，向他请教"怎么办"，于是这位顾问一连问了以下几个问题：

"本地共有多少宾馆？总铺位有多少？"

"旅游旺季时，本地的外国游客每月有多少，港澳游客有多少？国内的外地游客有多少？"

"贵宾馆的'知名度'如何？在过去三年中，花在宣传上的经费共多少？"

"贵宾馆最大的竞争对手是谁？贵宾馆潜在的竞争对手将是谁？"

"去年一年中因服务不周引起房客不满的事件有多少起，服务不周的症结何在？"

对这样一些极其普通而又极为重要的问题，这位公共关系部部长竟张口结舌，无以对答。于是，那位被请来的公共关系顾问这样说道："先搞清这些问题，然后开始你们的公共关系工作。"

【问题讨论】

公关顾问所提的五个问题体现了公关调查的哪些内容？

知识平台

一、公共关系调查的定义

公关调查是在特定的时间与地域范围内，运用相关调查方法和工具，收集并分析和本组织相关的公众的观点、态度和行为信息，了解和掌握自身公共关系状况的过程。这个过程中所获得的信息可以用于制定长远的战略性规划，也可以用于制定某阶段或针对某问题的具体政策或策略。不仅有助于组织把握目前的公关状况与问题，还有助于组织及早发现潜在的威胁，为具体公关活动目标和方案的正确制定提供客观依据，让公关人员可以"对症下药""量体裁衣"，使问题尽快得到解决。

二、公共关系调查的主要内容

公关调研的内容包括相关公众对本组织的意见、评价、心理倾向，公关活动的效果，组织所处的社会环境，以及未来可能遇到的问题等，凡是与本组织目标和发展有实际或潜在利益关系和影响力的有关因素都应包括在内。我们可以根据调查内容的深浅、繁简与使用频率把它们分为三个层次。

（一）公关工作基础性信息

公关工作的基础性信息指组织自身的基本状况与生存环境状况等，是组织开展公关工作最基本的信息。主要包括以下内容：

19

1. 组织自身状况 指名称、性质、发展历史与趋势、经营方针与内容、规模大小、机构设置、规章制度、生产能力、经营管理状况等各种情况。这些信息在新闻发布会、撰写相关报道材料、制作公关广告等宣传工作中往往是必不可少的基本材料。

2. 相关公众情况 公众是公共关系活动的对象，掌握公众的相关信息可以帮助公关人员更有针对性地进行公关传播活动。公众的基本信息可按组织公众的内外划分为两类：一是内部公众情况，包括员工等内部公众的数量、年龄、性别、素质与能力及其家庭情况等；二是外部公众情况，包括公众的数量与类型结构、分布，他们的个人背景资料，如籍贯、住址、文化程度、年龄、性别、家庭状况、经济收入、兴趣爱好等情况。

3. 组织社会环境状况 指会对组织的生存与发展带来影响的某些环境因素，主要包括以下内容。

（1）**社会文化环境** 指组织所处的社会中人们的生活方式、价值观念道德规范、宗教信仰、风俗习惯、社会思潮、流行时尚等。

（2）**政治法律环境** 指一切同组织发展有关的国内外政治态势，国家方针政策，各种法律、法规的情况。如国家在财政金融方面的政策，以及经济合同法、劳动法、广告法、环境保护法等组织应了解和掌握的相关法律。

（3）**经济环境** 指对组织有所影响的宏观或微观的经济态势。如国民经济发展状况，自身所处行业的竞争状况，相关市场的购买力、消费特点、物价情况，相关行业的发展情况等

（二）组织形象的综合分析

所谓组织形象指的是相关公众对组织的看法与评价的综合情况。这是公关调查的重要内容．因为形象对于任何一个社会组织的意义正变得越来越重要，特别是对于从事产品生产与经营的工商企业来说更是如此。良好的形象能帮助企业赢得更多顾客、投资者及社会各界的合作与支持组织形象包括自我期望形象和实际社会形象两个方面

1. 自我期望形象 这是组织自身期望建立的形象，即上至组织领导下至普通员工对组织形象的期望与看法。领导决策者决定着组织发展的总目标与战略方向，员工则是组织赖以生存和发展的基础，其工作态度与热情直接影响组织的发展。自我期望形象是公关的内在驱动力和努力方向，在组织现实条件的允许范围内，期望越高，组织内聚力和发展的内在驱动力就越大。

2. 实际社会形象 指的是公众对组织现实行为与政策的评价与看法，涉及相关公众对组织的认知、态度和行为倾向情况

（1）**知名度和美誉度** "知名度"是公众对组织信息的知晓程度，即公众对社会组织名称、方针政策、基本职能、产品服务、经营状况等基本信息知晓与了解的情况。

"美誉度"即公众对组织在产品服务、经营管理、社会责任承担、行为活动等方面的表现所持的满意、支持、信任与赞誉的程度。

除了知名度和美誉度，公关人员还可对公众的行为倾向情况作出分析与预测，即努力了解与把握公众对组织的产品、服务、政策、行为已经或准备采取什么样的

行动。

（2）组织形象地位测量 在把握组织知名度和美誉度这两个指标的基础上，我们可以绘制直观的组织形象地位图（图3-1），并借此确定组织的努力方向与工作重点。图3-1可以分为四个区域，各区域分别代表着不同的公关状态。

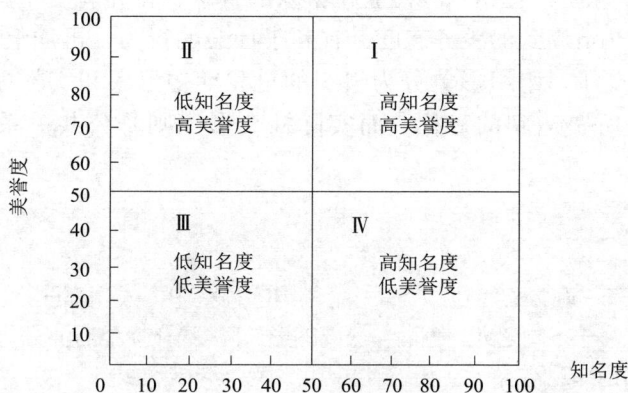

图3-1 组织形象地位图

I区为高知名度、高美誉度状态，是组织最为理想的公关状态区域。但同时要注意，知名度越高，美誉度的压力就越大。因为在公众高度注目的情况下，对美誉度的要求会变得更加严格和苛刻，美誉度方面即使发生微小的失误，都有可能造成较大的片面影响（破窗效应）。

处于II区的组织有较高美誉度，知名度却比较低，说明这类组织公关工作的基础比较良好，但此后应把工作重点转移到扩大组织知名度方面。其美誉度高于50点，知名度则低于50点。由于美誉度是形象的客观基础，因此这种状态具有良好的形象推广基础。其缺陷是知名度偏低，公关工作的重点是在维持美誉度的基础上提高知名度，扩大其美誉度的基础上提高知名度，扩大其美誉度的社会影响面。

III区则为知名度与美誉度都较低的状态，处于这个区域的组织在公关工作方面尚需投入较大力量，在逐步提高美誉度的基础上扩大自身知名度。处于这种形象地位，公共关系处于不良状态，知名度和美誉度都处于50点以下，既没有名气，公众评价也不好。但因为其知名度低，公众不良印象和评价的影响面也比较窄，负面作用相对比较小。在这种情况下公关传播工作应保持低姿态，甚至从"零"开始，首先努力完善自己的素质，提高信誉，争取改善美誉度，然后再考虑提高知名度，否则便会滑至象限D区的恶劣状态。

IV区为高知名度、低美誉度状态，即常言所谓的"臭名远扬"面对这种公关局势，可以保持低调慢慢淡化公众心中的不良印象，耐心等待东山再起；也可以借助时机巧妙策划，迅速扭转自身的形象。处于这种形象地位，公共关系处于"臭名远扬"的恶劣状态，不仅信誉差，而且知之者甚众。在这种情况下，首先应设法降低已具有的负面知名度，向象限C区转移；再努力挽救信誉，为重塑形象打基础。或者在特殊的情况下，利用已享有的公众知名度，大刀阔斧地改善信誉，将坏名声变为好名声，直接向象限A区跳跃。这样的成功例子也不是没有的。

（3）组织形象要素分析　所谓组织形象，就是社会公众对组织的全部看法和评价。组织形象虽是公众对组织的评价，但其内容却来源于客观事实，它是组织的客观行为在公众心目中的反映。因此要赢得公众的好感，组织首先必须从完善自己的政策和行为着手，再辅之以适度的宣传。这就是所谓的 PR＝P（90%靠自己努力）＋R（10%让人知道）。例如，一家生产性组织要想获得公众的青睐，首先就要生产出符合公众需要的优质产品，要有热情周到的服务态度，有利于社会的行为，再加上有效的公关宣传，就易于被公众所接受了。组织形象分为组织的自我期望形象和实际社会形象。自我期望形象是公共关系所要达到的目标，而实际社会形象则是公共关系工作的出发点或起点。

知识链接

《美国周刊》有一篇文章写到，"在一个富足的社会里，人们都已不太斤斤计较价格；产品的相似之处又多于不同之处。因而，公司的形象就变得比产品和价格更为重要"。这段话说明了一个什么道理呢？

它说明了在商品经济充分发展的社会里，企业组织之间的竞争已经主要不是产品和价格的竞争，而是组织形象的竞争。谁能在公众心中树立起良好的形象，谁就能赢得更多的顾客，赢得更多的投资者，赢得社会各界的合作与支持。

（三）专项问题资料

专项问题资料指的是组织在运营当中出现突发性危机、与公众产生冲突，或者在开展大型活动、推出新产品等工作中所遇到的具体公关问题的情况。这类具体问题是比较广泛和复杂的，这里无法一一列举；但在进行调查时必须注意收集并分析关于问题的性质、具体过程、发生原因等各方面的信息，因为对这些问题资料的把握将直接影响公关工作的成效。

三、公关调查的基本步骤与方法

与人口普查、市场调查、社会问题调查等调查活动相比，公共关系调查的特点在于它调查目的与内容方面的不同，在调查原理、基本步骤和方法上则没有多大区别。

（一）公关调查的步骤

一次正式的公关调研活动一般要经历下面四个步骤：调查准备、资料收集、整理分析、撰写报告。

1. 调查准备工作　主要包括三个方面的内容：一是调查任务的确定，要通过对组织实际公关问题的分析弄清所需信息的类型与数量，确定具体的调查目标与任务。二是进行周密科学的调查设计，全面考虑调查对象、时空范围、调查项目、调查方法、时间进度等事项的安排，拟定调查方案与计划书。三是调查条件的准备，主要有人员安排与培训、经费筹措、所需工具与物品的准备等。

2. 开展调查　即资料收集过程。这是调查过程最重要的阶段，需要完成相关的第一手或第二手资料的收集。第一手资料是调查者深入现场实地调查或通过实验收集与获取的资料，在现实条件许可的范围内，这应是公关调查资料收集的重点。第二手资料即经过他人收集、记录或整理的资料，如相关文献信息，有操作过程中，公关工作人员必须注意与被调查者之间的协调和沟通，因为这一方面关系到资料收集能否顺利有效地进行，另一方面也关系到组织形象在相关公众间的传播。

3. 整理分析调查资料　一般而言，在具体调查过程中所收集的原始资料虽然数量可能很多，但往往比较粗糙零乱，其真实性、准确性、概括性和适用性都不够高，需要整理、分析之后才能用于测度社会组织的公关状况、反映相关问题或有效预测公关趋势在这个过程中会用到统计学和数学分析方法，不过现在很多工作可以借助计算机完成。

4. 撰写调查报告　最后一步是在整理分析的基础上撰写调查报告反映在调查中所获得的主要信息成果，对调研所针对的公关问题进行描述性、因果性或预测性的评估分析，以供领导者参考。

（二）公关调查的基本方法

公关调研可以采用的方法很多，按资料收集方式的不同可分为文献调查法、实地观察法、访谈调查法、问卷调查法等。如何选取合适的方法，主要应依据组织调查的内容和被调查者的不同来确定，并受到组织实力、调查人员素质、具体公关活动主题等因素的影响。下面介绍几种最常见的调查方法：

1. 文献法　通过报刊、杂志、广播、电视、电影、书籍等各种媒介收集有关本组织的报道与资料，然后将资料进行整理分析，挖掘出对企业有用的信息并根据一定的规则进行分类，建立文献分类检索系统。公关人员可以利用这些资料进行横向和纵向分析，研究公关问题产生的原因、时间以及问题产生的具体因素有哪些、它们之间有何关系等。

2. 实地观察法　指公关调研人员亲自或者利用摄像机、录音机等仪器从旁观察调查对象的行为及现场事实。这种方法可以获得较为客观的第一手资料，但所获取的往往限于表面活动而无法深入调查对象的内心。

3. 访谈法　指调查者通过当面或者电话、网络等方式与公众接触，对他们进行提问、交谈以了解情况获取资料。访谈法可分为结构式和无结构式两类结构式访谈使用统一的提问表，按统一的标准和方法选择调查对象、展开提问并记录回答，被访者只能在指定的范围内回答，因此访问结果便于统计分析，但难以对问题进行深入探讨。无结构式访谈则相反，不事先制定提问表格，对提问方式、回答的记录方式等均无统一要求，访谈人员只根据调查主题或提纲和被访谈者展开自由交谈，因此弹性较大，便于对问题作深入研究，但结果难以量化。

4. 问卷调查法　这是公关调查中常用的方法，即事先设计好问题表格，通过现场填答、邮寄填答或留置填答的方式获取信息来测量公众行为、态度和社会特征的方法。一份问卷中的问题可以分为开放式和封闭式两类。

所谓开放式问题指被调查者可以较自由灵活问答的问题，犹如考试中的问答题、论述题；封闭式问题则指事先确定了答案的选择范围及方式的问题，其主要形式有填空、是非、选择等。

问卷设计是一项重要的工作，涉及心理学、语言学、逻辑学等多方面的知识，必须多角度、多层次地考虑问题，并运用一些特殊的措施保证其科学性和实用性。比如需要注意问题语言的简单明确，不要使用"一般""很多""较少"等模糊词句；问题的语言陈述不能带有倾向性与感情色彩，应保持中立性；避免直接询问个人隐私等敏感性问题，若必须涉及要注意语言的委婉；还要注意问卷不宜过长，一般以 15~20 分钟内答完为宜。此外，还要注意问题排序，将简单易答、被调查者熟悉、容易产生兴趣的问题放在前面，将生疏、不易回答、容易产生顾虑的问题放在后面。

无论采用哪一种调查方法，我们都会碰到调查对象样本选取的问题。调研对象的选取通常有普查、抽样调查、典型调查、重点调查、个案调查等方式。人们采用较多的是抽样调查，即依据一定的方法从要研究的对象中选取有代表性的样本进行调查。抽样方法则有随机抽样、分层抽样、等距抽样等。

活动设计

【案例内容】

一家工厂由于废水没得到及时处理，而流入附近水域致使鱼类大量死亡，以捕鱼为生的渔民于是愤怒的涌入化工厂，演出了一幕幕触目惊心的公共关系纠纷。

【活动要求】

假设你是该家工厂的公关经理，该如何平息公关纠纷。请分析此案例的公关调查程序，并根据调查结果提出你的公关意见。

任务二　公共关系策划

公关策划是公共关系"四步工作法"的第二步，为公共关系的实施提供工作方案，为公共关系评估提供分析评判依据。

案例导入

我们绝不食言

一家经营强力胶水的商店，坐落在一条鲜为人知的街道上，生意很不景气。一天，这家商店的店主在门口贴了一张布告："明天上午九点，在此将用本店出售的强力胶水把一枚价值 4500 美元的金币贴在墙上，若有哪位先生小姐用手把它揭下来，这枚金币就奉送给他（她），本店绝不食言！"第二天，人们将这家店铺围得水泄不通，电视台的录像车也开来了。店主拿出一瓶强力胶水，高声重复广告中的承诺，接着便在那块从金饰店定做的金币背面薄薄涂上一层胶水，将它贴到墙上。人们一个接着一个地上来试运气，结果金币纹丝不动。这一切都被录像机摄入镜头。这家商店的强力胶水从此销量大增。

【问题讨论】

如何进行公共关系策划，公共关系策划的基本步骤是什么？

知识平台

一、公共关系策划的定义

所谓公关策划，就是在公关调研所收集的信息的基础上，针对组织需要解决的公关问题进行整体的构思和设计，确定公关活动的目标、主题和战略，制定最佳的活动方案与计划。策划是一项复杂、系统的工作，包括策划前期的准备、目标决策、公众界定、活动方案制定、编制预算和撰写策划书等众多步骤。

二、公共关系策划的步骤

（一）公关目标决策和公众界定

1. 目标决策 社会组织的公关目标指事先预计与规划、希望经过公关策划与活动之后获取的成果和达到的公关状态。它既是公关策划和活动实施的依据与目标，也是活动成果评估的重要标准。公关工作的最终目标是塑造良好的组织形象、营造和谐的社会环境，但是这个总目标不可能一蹴而就，而是经过步步的努力达到的，所以在公关工作中需要确立不同时期、不同层次的目标，并保证所定目标的明确具体性和现实可行性。

从公关目标实现期限的长短来说，我们可以把它分为长期目标、中期目标、短期目标和具体活动目标四类。

案例链接

瓷器公司的公关目标

美国有一家瓷器公司，在老板娘接手之前，只是一个规模很小，名气不太的专门生产花草禽兽等瓷雕艺术品的小公司。老板娘接管之后，决定策划一系列的公共关系目标，从根本上改变公司形象。她给公司确定了两项长远的宏伟目标：一是本公司要以艺术家形象著称于世，其产品要跻身于美国国家博物馆珍品之列，以此抬高身价。二是本公司要以慈善家形象著称于世，其产品象征人类保护的野生动物，并向保护自然生态环境的世界组织捐款，以此提高声誉。

2. 公众界定 一个组织所面对的公众群体往往是多种多样的，但由于具体公关活动目标之间存在差异性，因此每次公关策划时都必须根据本次公关目标而进行公众的细分与选择。在确定所要关注与偏重的目标公众类型后，公关人员可以对其各方面的特性进行分析，以便采取适宜于他们的信息传播方式与技巧从而获取满意的活动成效。目标公众的选取一般可以考虑活动目标、组织需要和组织实力等方面的因素。

（二）公关活动方案制定

公关活动方案的策划就是针对活动目标和对象．对活动的性质、内容、形式和行动方案进行谋划与设计这是公关策划的核心部分．需要提出策划的整体思路与基本构架并进行公关创意，然后将创意具体化，创作相关文案与宣传用品，并决定活动时机。

公关方案策划过程中的活动模式选择、主题创意与项目分解、时机选择等是比较重要的问题。

1. 活动模式选择　公关活动模式指的是由一定的目标和任务以及相关方法和技巧组成的综合系统，是公关实施的指导依据社会组织的类型、公关环境与状态、目标公众类型特点等都会对此产生影响。常见的活动模式有如下。

（1）宣传型活动模式　主要任务是进行对内对外的信息传播与沟通，促进公众对组织的了解与支持，如新产品发布会、记者招待会、发新闻稿、广告等活动都属此类。

（2）交际型活动模式　主要通过人与人的接触与感情联络，为组织建立广泛的社会关系网络和良好的人际环境，其方式有团体交往和人际交往两种，分别包括招待会、座谈会、宴会、茶话会、舞会、交谈、拜访、信件往来等方式

（3）服务型活动模式　指通过提供优质服务来获取社会的了解和好评，树立自身的良好形象，可以涉及售前服务、售中服务、售后服务以及其他便民服务等内容。

（4）社会型活动模式　指借助各种社会性、公益性、赞助性活动来扩大组织社会影响、提高组织声誉。活动形式主要有开展组织员工活动、赞助社会公益事业和资助各类大众传媒活动等三大类。

（5）征询型活动模式　主要是通过信息收集、舆论调查、民意测验等工作去了解组织环境，以便给企业决策提供相关依据常见形式有开设监督、举报、投诉类热线电话、建设信访制度、开展民意测验、拜访用户和经销商、公开征求建议或厂名、商品名、广告语等。

另外，组织还可以根据自身与环境的关系来选择活动模式。

建设型模式适用于组织创建初期，主要有开业庆典、招待参观、优惠酬宾等形式，目的是引起公众注意，增强公众对组织的了解，维系型模式适用于组织稳定发展时期，不时通过各类活动和宣传来维持组织已有的知名度和美誉度。

防御型模式的任务是预测并设法防范可能出现的公关问题矫正型模式适用于组织形象受到损害时的应对与处理。

进攻型模式则是组织与外界环境发生激烈冲突、面临生死存亡关头所采用的以攻为守、主动出击的模式。

2. 主题创意与项目分解　公关主题指的是贯穿一场公关活动的总体基调和中心灵魂。

主题创意就是运用人脑的联想、直觉、想象等创造性和形象思维，考虑如何为活动设计精彩独特的主题并以此为核心安排活动项目的过程。这个过程本身没有什么固定程序和统一格式，对于公关创意活动的原则人们有许多说法，比如说应该独辟蹊径、逆向思维，想旁人所不敢想或者反其道而行之，从平凡中点化出新奇；或者说应该放宽视野不拘一格顺应、追求甚至促进改变创新；还有的说应当追求谋合效应，考虑如何运用组合法则产生综合效应，或将看似不相关联的事物经过有序的思维碰撞去产生组合的创意等等。但无论公关主题的表现形式如何多种多样，其本质都是对公关目标、公众心理、信息个性和趣味性这几个要素的统筹融合，一个优秀的公关主题创意应该既能集中体现公关活动的目标、任务和特点，又能适合目标公众的需要，对他们产生较强吸引力。

项目分解即围绕主题进行具体活动以及步骤的设计与安排，其任务就是通过巧妙、合理地安排各项活动，完整、到位地贯彻与体现主题创意，使抽象的创意转化成为具有实际操作性的活动内容和步骤。

3. 时机选择 在公关工作中，活动时机的选择是影响传播效果的重要因素之一，人们常说"机不可失、时不再来"，能否把握合适的时间、借助有利的局势对于事件的成败往往具有特别重要的意义而时机又是蕴含在时间与情势的不断变化中的，且所谓"难得者时，易失者机"。因此能否时捕捉和利用时机、采取相应对策就成为衡量一份公关策划水准的重要标志之一。

公关活动的时机一般分为可预先选定和不可预先选定两类。对这两种不同类型时机的选择侧重点稍有不同：对于可预先选定的时机主要应注意时间区间选取的准确性，对于不可预先设定但又往往稍纵即逝的时机，则要强调敏锐捕捉、及时把握。

常见的公关活动时机主要有下列种类：

（1）组织创办或开业之时；

（2）组织推出新产品、新技术、新服务和新政策，或者股票上市时；

（3）组织进行内部改组、转型、品牌延伸，迁址时；

（4）组织发生名称变更或与其他组织开展合作、兼并、资产重组时；

（5）组织周年庆典或周期性纪念活动之时；

（6）组织工作出现失误与危机、形象遭受损害时；

（7）国际、国内或本行业发生重大事件时。

在选择公关时机时，首先要注意所选时机能否吸引目标公众的注意力，产生新闻传播效应。

其次要善于处理"借势"问题在试图借助某些重大事件和节日进行公关信息传播时，如何巧妙利用这些公众焦点凸显与强化本组织的公关活动，而不是被重大事件本身的或节日的气氛分散、冲淡甚至遮蔽了活动效果。

第三要注意同一组织一般不要同时开展两项以上的重大公共关系活动，以免分散人们的注意力，削弱或抵消应有的效果。

第四则要注意考虑公众、媒体和活动开展地的民风民俗问题。要避开目标公众不方便或难以参加的时机、保证他们参与活动的可能性；要考虑媒介特别是大众传媒使用的可能性问题，避开某些因其他重要新闻而使组织信息无法借助媒体公布的情况；还要考虑活动开展地的民风民俗，尽量使活动项目与风土人情相吻合以便获取良好效果。

（三）编制预算

公关活动的开展涉及人力、物力与资金的使用与管理，预先对此做出预算和安排不仅有利于活动的顺利进行，还可以为活动完成后进行效果评估和成本、效益分析提供依据。常见的公关预算计划包括人员预算、时间预算和经费预算部分，人员预算主要针对活动所需的人力投入及人员安排问题，时间预算则针对活动开展所需的时间和进程安排，经费预算是对活动所需各项经费的具体估算。

公关经费预算的内容与方法如下。

1. 公关预算的主要内容

（1）日常管理经费 如房租、水电费、电话费、办公文具用品费、保险费、报刊订阅费、交通费、差旅费、交际费、其他通讯费，资料购置费、复印费等。

（2）劳务报酬经费　包括组织内部公关人员的薪金或工资、奖金及其他各种福利费，外聘专家顾问的工资报酬等。

（3）器材设施费　如购置、租借或维修各种视听、通讯、摄影、工艺美术等器材，制作各种纪念品、印刷品、音像制品和各种传播行为所需的实物及用品等。

（4）项目开支经费　这主要根据公共关系活动项目大小而定，包括调查活动费、专家咨询费、宣传广告费、人员培训费、赞助费、场地租借费以及会议、布展、接待参观的费用等

公关活动的机动费用（一般占总费用的20%）用以预防和处理突发事件。

2. 常用的公关经费预算方法　固定比率法。指企业按其一定时期内的销售总额或利润总额的大小，以固定的百分比提取该时期公关预算经费总额。这种方法比较简便，但是提取的最佳比例较难确定。

（1）项目作业综合法　即先列出项目计划，再将各项活动费用详细列出，然后核定单项公共关系活动预算和全年预算总额。因为对活动的详细费用估算容易产生误差，所以预算额度不能完全按照估算值要留一定变动余地。

（2）随机分摊法　指不详细分列各项具体费用，而是根据项目负责人或公关部门主管的实践经验来决定活动预算总额，这种方法比较适用于小型企业或小型公共关系活动。

（3）平均发展速度预测法　即运用历史资料计算出公共关系经费实际开支总的发展速度，然后计算出平均发展速度，再按照这一速度确定计划经费预算额．这种方法比较适用于重视公共关系并积累了一定经验的组织，可以保证公共关系活动经费每年都有适当增加。

（四）策划书的撰写

正式策划书的撰写需要遵循一定的格式与内容要求，其基本内容如下。

1. 封面　包括策划的名称与形式，策划单位或个人名称，文案完成日期，有时还可以加上简洁的说明文字和内容提要。

2. 序言　对策划书内容要点进行简练概括。

3. 目录　标明正文内容的条理与顺序安排，有时还可注明各部分内容所在的页码。

4. 正文　主要包括活动的背景分析、主题、宗旨与目标、基本活动程序、传播与沟通方案、经费预算、效果预测等各项内容。

5. 附件　例如活动筹备工作日程推进表，有关人员职责分配表，经费开支明细预算表，活动所需物品一览表，场地使用安排表，相关资料，注意事项说明等。

活 动 设 计

【活动内容】

创新性思维训练题

1. 任选钥匙链、化妆品、钟表、鞋、灯、笔中的两个组成新的事物。

2. 用大沙漠、轮船、北极熊组成一个故事。

3. 我喜欢成为机器人，是因为什么？我不喜欢成为机器人，是因为什么？

4. 用折线、点、圈和直线构成一个有意义的图案

【活动方式】

以宿舍或小组为单位，轮流发言。

任务三 公共关系活动组织与实施

公关活动的组织与实施是公共关系"四步工作法"的第三步，是根据公关活动策划方案进行的实际操作与管理的过程，是最为复杂、最具变数的环节，直接决定了公共关系传播效果和公共关系工作成效。

案例导入

变 则 通
——乐无烟纪念傅彪公关企划案纪实

蜥蜴团队是目前国内极具影响力的专业营销策划机构，2005 年初，乐无烟在河南全面上市，短短半年多的时间内，依靠蜥蜴团队的公关战略，它迅速统占了中原无烟厨具市场的半壁江山，成为家喻户晓的知名品牌。其中经典策划案例不胜枚举，"纪念傅彪公关企划案"便是其中的典型代表之一。

正当乐无烟急需代言人的时候，蜥蜴团队发现了傅彪，经过深入的分析和接触，傅彪与蜥蜴团队倾情携手，正式出任乐无烟形象代言人。乐无烟便成了傅彪一生中唯一真情宣传的健康品牌。

2005 年 3 月，傅彪第一次手术成功后，便积极地开始全国宣传新作《大清宫》。当时，乐无烟刚刚在全国上市三个月，正是全国全线飘红，市场走势迅猛的时机。也许是刚刚经历过疾病，傅彪对健康有了更加深刻的认识，用傅彪自己的话说就是："经历过疾病以后，我对健康的概念有了全新的认识。幸福人生始于健康人生！"

蜥蜴团队长官何坊回忆与傅彪合作的时候这样描述：刚开始宣传乐无烟的时候，傅彪心里特别激动："这么多年了，从来没有意识到油烟危害如此之毒，每天吃着可口饭菜，忙于自己的事业，却从来没有想过在厨房里备受煎熬的妻子和父母？真是惭愧呀！母亲和妻子一生操劳家务，受够了油烟的毒害，皮肤渐渐变得干燥粗糙、脸上的皱纹、色斑也多了，而且头发开始脱落……做儿子、丈夫的怎能忍心？我一定要将宣传油烟的危害作为一项重要的工作来对待！"

从此，乐无烟的所有宣传中傅彪形象频频出现，乐无烟与傅彪居家好男人的形象珠联璧合！

2005 年 7 月，正在内蒙古自治区参加药交会的蜥蜴团队郑州汉英公司总经理邢凯偶然在《北方新报》看见这样一条让人悲伤的新闻：傅彪二次换肝后病情恶化现已病逝！

当时虽然是媒体不负责任的误传，但是着实让大家虚惊了一场。事后回忆，非常感谢那场虚惊，乐无烟这次策划活动取得圆满成功与那场虚惊还真分不开。从那时起，

蜥蜴团队的策划精英们就开始了傅彪病逝纪念活动的前期准备。

就在蜥蜴团队完成了傅彪病逝的策划方案，正积极准备"乐无烟9月黄金风暴活动"策划的时候，噩耗真的传来了。北京时间8月30日上午9:35，傅彪不幸英年早逝。

这一消息犹如晴天霹雳！虽然此事早已在预料之中，但多少还是给蜥蜴们带来了一些压力。金秋9月，正是厨具行业消费火爆的时期，再加上中秋节的送礼市场和国庆节婚礼潮、购物潮，9月对作为国内无油烟炒锅老大的乐无烟来说，绝对是一个黄金季节。

傅彪作为乐无烟的形象代言人，又是国内深受百姓喜爱的知名演员，在这个紧要关头不幸病逝，会不会对乐无烟的"黄金风暴"有所影响？对乐无烟品牌会有怎样的影响？怎么做才不至于影响乐无烟的销售？还能进一步提升乐无烟在河南市场的知名度呢？

代言人伤逝给品牌带来的危机在国内公关界还没有得到过妥善的解决，前有马华之逝给马华健身带来的众多疑问，后有著名笑星高秀敏的突然去世让其所代言的多个健康品牌始料不及，企业被迫悄然撤下其品牌广告，巨额广告投资付之东去。

是做是停，这对年轻的蜥蜴团队而言也成为一个从未面对过的难题。继续使用傅彪形象宣传，会冒中国人之大不韪；停止使用傅彪形象，悄然变脸，不仅前期的品牌形象投资可能就付之东去，还会给注重感情的中国消费者一种薄情寡义的印象；如何给消费者一个完美的交代，如何传承傅彪之美好形象，还有没有其他的路可以走？

蜥蜴理论：任何事情都有一个超出常规的解决途径！这就是寻找解决问题的第三条路。

10:40，企划部火速召开紧急会议，郑州汉英总经理邢凯亲自主持，企划部全员以及乐无烟事业部的中上层领导全部参加！大家就这次傅彪病逝，乐无烟如何应对进行了深入的讨论。

"炒吧！我们一切早已准备就绪，炒作没有任何问题，但是考虑到现在的市场时机，思路应该适当做些调整，广告不能商业化味道太浓，否则必然会引起消费者的不满和指责，眼看黄金季节即将来临，销售会受到巨大影响！"

"傅彪作为乐无烟的代言人，确确实实为乐无烟的全国市场推广做出了巨大贡献，特别是在宣传油烟危害方面不遗余力，更何况宣传健康是每一位有良知的公民应尽的一种社会责任！"……

大家各抒己见，如何具体实施？会议进入了僵持状态。一阵沉默后，企划部经理王华荣打破僵局：炒，不要大炒，但也不能太小气，就用我们引以为傲的"竖双通"！明日所有媒体，《大河报》《东方今报》《河南商报》《郑州晚报》同步进行。用纪念傅彪之情传承健康理念，让乐无烟情深意重地为傅彪做一次为了忘却的纪念。

11:40，最终方案确定。

（1）中等力度，全面覆盖的媒体策略，即2005年9月1日，郑州市所有平面媒体（包括《大河报》《东方今报》《郑州晚报》《河南商报》等）均以两个连版的"竖双通"的形式发布在娱乐版——傅彪纪念版上，同时报纸头版配发"乐无烟——纪念好人傅彪"的提示性报花。

（2）广告主题定为"一个好人永远的追忆"，广告行文始终穿插感情主线，由夫妻亲人之情引申至傅彪对健康、生活的热爱，由此引出傅彪对家人健康的关注，别让油烟吞噬了家人的健康。

（3）所有电视广告上均打出"纪念好人傅彪，关爱家人健康"的纪念语。

（4）所有广告在所有报纸连出三天，在人们最真挚的感情里缅怀、纪念。

（5）所有终端上均打出"纪念好人傅彪"的标语或横幅；连夜制作一批"纪念好人傅彪"的贴纸粘贴于三天内所有售出的乐无烟锅上，并采购一批傅彪生前出演的经典电影作为纪念活动中的特别赠品。

（6）联合《东方今报》和河南最大的电影院——奥斯卡影都，联名推出"乐无烟纪念好人傅彪电影周"活动。

同时，作为老形象的传承，在原有乐无烟终端形象的基础上，重新设计乐无烟一系列终端物料，于9月4日零时前全省全面换装，用新的形象面对消费者。

连续3期广告刊登后，乐无烟在公众中引起了巨大的反响。有正面的支持，也有负面的评说，但蜥蜴认为，结果是评判所有思想正确与否的最好证明。随着乐无烟傅彪纪念活动的顺利执行，乐无烟品牌的知名度得到了迅速提升，品牌形象中健康、亲情、责任的元素日渐丰满，销售也在如火如荼地进行。更为可喜的是，郑州的良好经验在全国其他兄弟市场也得到了很好的执行，在全国各地，掀起了一场轰轰烈烈的换锅热潮。

一位业内朋友这样评价："关于这次活动的报道很多，仅网上就非同一般，不管是"百度""搜狐"，还是"新浪"都有，有正面也有负面，但从现在的市场反馈来看这次活动的策划是非常成功的，可以说是一石三鸟：既在短期内提升了乐无烟的销量，扩大了知名度，还顺利地解决了代言人病逝后出现品牌危机！"

时至今日，还有消费者仍能够清楚地记得那4篇充满了真情的广告，记得傅彪去世时不忘深情纪念他的乐无烟。乐无烟已经深深地印在消费者的心中。

【问题讨论】

如何通过有效的公关实施来实现组织的预期目标？

知识平台

一、公共关系实施的定义

公关的实施就是对策划方案进行具体操作与管理，使之付诸现实的过程，所要考虑的问题主要是如何从公共关系目标和公众需要出发，按照公共关系传播的基本原则，选择最有效的传播模式和途径，完成策划方案中所计划的各项活动。实施过程的管理与控制涉及多种可能，影响沟通的因素与问题，如信息内容是否明确可信、前后一致，传播是否有合适的渠道、过程是否持续，信息接收者的接收条件与能力，传播过程中可能出现的其他障碍等等。

二、公共关系实施的步骤

（一）实施准备工作

公关策划方案投入实施之前需要做的准备工作主要有几方面：

（1）对相关工作人员进行培训，使他们不仅明确活动的内容、意义、作用、目标和要求，明确自身的工作与责任范围以及相关的工作纪律、考核标准和奖惩办法，还要掌握活动所需的知识、方法与技能，在工作能力和心理状态等方面都做好准备。

（2）根据活动所需购置或租借相关物品和材料，如音响器材、摄影摄像器材、交通工具、场地布置物品（旗帜、横幅、花卉、台布、标语、桌椅、展示牌、模型等）、宣传材料等。

（3）按照策划方案要求布置活动现场，安装并调试所需设备，通过各种物品合理巧妙的搭配与装饰创造活动所需的环境与气氛。

（4）注意与本组织各部门间的关系协调，获取内部公众的认同、支持和积极配合。

（5）注意与新闻传媒等外部公众的联络，预先确定；邀请活动所需邀请的嘉宾人员，及时将活动安排和宣传计划告知新闻媒体，并提前联系相关的采访、报道、刊登和播放事宜，提前到相关政府部门办理活动所需的公务报批手续等。

（二）实施过程管理

公关实施过程中一般涉及人员管理、信息传播管理、活动进程管理等方面的事务。

1. 人员管理　在人员管理中，一方面要借助相应的规章制度和激励手段去调动人们的工作热情和积极性、监控他们工作的方法、质量，另一方面要通过明确合理的分工安排以及合作竞争并行的机制提高工作效率，努力营造团结、和谐、有效的工作氛围。

2. 信息传播管理　因为公关活动的实施主要是通过大众传播、人际传播以及组织传播等方式与公众进行信息沟通和交流的行为，所以对信息传播的管理是非常重要的。在这项工作中需要注意的问题如下。

（1）**媒体整合**　所谓媒体整合指的是公关策划者为了达到预期的传播效果，对各种媒介的优缺点进行分析，并将各媒介进行巧妙合理的搭配组合，以形成优势互补的整合传播效果。在具体的操作过程中，我们可根据不同的情况和标准作出不同选择。

（2）**沟通障碍的消除**　沟通障碍是在信息传播过程中可能存在和出现的各种影响传播效果的因素，比较常见的是：①语言障碍。指的是信息传播中存在的语种差异，语音混淆，语义不明与误解，语法不通，用词不妥，文字差错，标点错误，符号与体态语言涵义的差别等情况。②观念障碍。主要指传播内容与受众原有的文化传统、价值观念之间可能存在的差异。③心理障碍。指的是人们与事物发生接触时容易出现的第一印象效应、光环效应、从众心理等不利于正确的认知与学习的现象。④机械障碍。指印刷不良、字体模糊或脱页破损影响阅读理解，或者电视、广播因设备故障或其他干扰使受众无法正常收听与收看等类似情况。⑤其他障碍。有的来源于传播系统内部，如因组织机构重叠所导致的信息传播不畅；有的则来源于传播系统外部，如社会上存在大量相近或相反信息导致公众在分辨和接收上的困难，以及公关活动实施环境中所存在的政治、经济、文化、科技、竞争、自然、国际等各种因素的影响等。在传播过程中，公关人员应尽量避免主客观的干扰因素，并及时针对障碍产生的原因进行疏通，努力消除不良影响，使信息完整、客观、清晰地传递给接收者。

（3）**信息控制与调整**　在整个传播过程中，各阶段的目标与任务不同，目标公众对活动的认知、情感、态度等心理状态也会发生变化，因此在实施过程中公关人员应密切关注公众的反应，适时调整与改变所传递信息的内容、形式与数量，以保证信息传递的效果。

3. 活动进程管理

（1）时机与进度控制　主要处理计划进度和实际进度、时间进度和工作任务进度的关系，流程控制、时间衔接、操作时机的掌握问题，还有影响进度的因素了解与掌握问题。

（2）资金物品管理　公关活动中随时需要经费开支和摄影、音响、通讯器材和交通工具等各种物品器材的使用，因此涉及成本控制和物品管理工作。这类工作要管理各种所需物品的选购过程、价格、质量等问题，并关注各种物品特别是贵重器材的保管、发放、使用和回收问题。一般来说应安排专人负责并及时登记在册以便有账可查，既要保证供给活动的正常需要，充分发挥财物的功效，又要避免不必要的损坏、遗失和浪费。

（3）突发性危机事件控制　在公关工作中可能发生严重阻碍活动实施并影响组织形象的突发性事件，公关人员应该预先准备危机管理方案，并密切注意实施过程中是否存在各种矛盾和不协调因素，如实施环境中有无障碍因素，新闻传媒有无不利报道，工作方法是否存在较大风险，竞争对手有无对抗行为等，并及时加以化解与调整，以免情况恶化。

知识链接

开展公关活动的最佳时机

自身发展运作中存在的有利时机：①组织成立之际；②组织创立周年之际；③组织更名改名之际；④推出新的项目之际。

组织外部环境提供的有利时机：①各种节日、盛会；②国内外重大事件；③社会关注的热点问题；④一时兴起的某种时尚；⑤突发性危机事件。

任务四　公共关系评估

公共关系评估是公共关系工作程序"四步工作法"的最后一个工作环节，在公共关系机构工作系统中具有承前启后的作用，既是对当前的公共关系工作状态的考察评价，又可以为下一阶段的公共关系工作提供参考依据。

案例导入

精工表誉满全球的奥秘

1964年东京奥运会结束后不久，曾有日本人访问罗马。在一家餐厅里，当侍者看到这位日本人手腕上戴的是瑞士产品时，竟疑惑地问："您真的是日本人吗？"诧异什么？日本人竟然没带在东京奥运会上叱咤风云的国粹——精工表。侍者的态度不仅反映了公众对精工表的评价，实际上也说明了精工计时公司借助奥运会开展的公共关系活动的成功。

【问题讨论】

公共关系评估是全方位的，还是只需评价实施效果？该案例用到了哪种公关评估方法？

知 识 平 台

一、公关评估的定义

指社会组织依据一定的标准对其公关工作的过程及实际效果进行分析、评价和总结，寻找活动成败的原因，以便及时调整活动方案并为下次活动提供参考依据。公关评估首先要建立统一评估目标并获取领导认可，然后在公关部门与人员内部达成一致意见，将评估目标具体分解为可观察和测度的评价指标体系。然后要根据评估的项目实际评估标准来确定评估实施的具体办法，如公关调查、分析组织公关活动实施的记录资料等。评估结果出来后应及时向组织管理者汇报，并应用于对公关活动过程的修正和指导。

二、公关评估的内容

公关评估贯穿一个组织公关活动的调查、策划、传播实施等各个工作环节和活动项目，评估的具体依据与指标因评估内容的不同而有所区别。一般来说评估的内容分为公关工作程序、专项公关活动、公关状态等几个方面，其中涉及公关计划的可行性、公关人员的工作方式和工作效果、公关策略的有效性、环节安排及衔接的完整紧密性等多项指标。

（一）公关工作阶段评估

1. 准备过程的评估

（1）公关调研过程评估　主要考察调研方案的设计是否合理，调研方法的选择是否恰当，调研的组织与实施是否科学，所得到的信息及结论是否可靠。

（2）公关策划过程评估　主要考察目标公众的选定和分析是否准确；活动目标的确定与计划安排是否合理、可行、一致；各项材料的准备是否有针对性与充分性；传播与沟通的媒介、时间、地点、方式的安排是否适合目标公众；预算编制是否合理与精确；策划方案做得是否精彩等。

2. 实施过程的评估　主要考察实施前的人员、物品等的准备是否充分到位；各项活动实施进程的安排与管理能否符合原定计划同时又具有灵活性；各项宣传信息与资料的制作内容是否准确、合适、完整，表现形式是否恰当，数量是否充分；传播沟通活动是否达到预定的公众和目标区域；传播力度是否充分，也即发送信息的数量是否足够，覆盖面是否广泛等。

3. 实施效果的评估　主要考察注意到信息的公众数量及公众构成；收到并了解公关信息内容的目标公众数量；信息被传播媒介所采用的情况；改变观点与态度的公众数量；发生和重复期望行为的公众数量，达到的目标与解决的问题；是否达到预期效果，存在哪些差距；成本收益状况如何等。

（二）专项公关活动评估

专项公关活动评估主要包括日常公关工作效果评估、单项公关活动效果评估、年度公关活动效果评估和长期公关活动效果评估等几类。

1. 日常公关工作效果评估 日常公关工作是一些常规性的工作，评估时主要应考察的问题如下。

（1）组织内部公众之间的协调与沟通状况、人际关系、工作氛围。

（2）组织与外部公关环境的传播与协调状况。

（3）公关人员工作的内容、方法、努力程度、互相配合情况，以及日常工作中所收集的信息对组织管理工作的作用等。

2. 单项公关活动效果评估 与日常工作相比，单项公关活动显得更具有目标性与系统性，评估时主要考察的内容如下。

（1）项目计划的可行性，活动目标与组织战略总体目标的一致性。

（2）专项活动的组织与管理工作情况。

（3）传播沟通的策略制定及实施情况。

（4）活动对组织公关状态的作用与影响。

3. 年度公关活动效果评估 年度公关活动效果评估是对组织在年度中所有的日常公关工作和单项活动的总体评估，主要涉及以下内容：①本年度公关计划方案及目标设定是否合理；最后达成的效果如何；②年度内日常公关工作成效分析；③年度内单项公关活动的类型、数量和所获成果的分析；④公关工作部门、机构及相关人员的工作绩效评价；⑤年度公关经费预算的合理性评估，经费使用具体情况，以及成本效益分析等。

4. 长期公关活动效果评估 长期公关活动效果评估是对较长时期内（一般来说是几年）的公关工作成效所作的宏观考察与总结评价，即把日常公关工作、单项公关活动、年度公关活动等各阶段、各层次的评估结果归纳汇总，进行系统综合的分析研究。

（三）公关状态评估

1. 组织内部公关状态评估 主要考察：①组织内部公众对组织基本信息的了解与关心程度；②组织政策与指令贯彻实施的情况；③内部公众集体认同感和凝聚力的强弱，工作积极性高低与精神面貌状况；④公关意识与理念在组织各项经营管理活动中的运用情况等。

2. 组织外部公关状态评估 通常有以下几类：①消费者关系评估；②媒介关系评估；③社区关系评估；④政府关系评估。

三、公关评估的方法

对组织公关活动的评估可以采用不同的方法，人们通常把它归为以下几类。

（一）自我评价法

这种方法指的是社会组织对自身所开展的各项公关工作做出自我评定。为了得到相应的评估结果，组织可以让评估人员直接参与实施过程、进行实地考察，记录各个环节实施的状况和顺序以及进展情况；可以将公关计划和活动实际效果进行对比；可以收集组织内部员工从不同角度对活动成效的评价；可以观察公众在公关活动前后对本组织在认知、情感、态度、行为等方面的变化；还可以收集与所开展的公关活动相关的各项统计数据与资料进行综合分析，如资金平衡表、统计报表、财务活动分析、公众来信采访记录等内部资料，以及消费者、经营合作者（如原料供应商、批发商、经销商等）的信息反馈，社区公众、媒介公众、政府等外部公众的信息反馈情况等。

（二）专家评价法

这种方法需要邀请一些未承担本组织公关活动任务，但有资格、有能力对活动效果做出合理分析和评议的专家、学者等，或者向他们分头征求意见，或者召开座谈会、评议会，然后从这些意见与看法中得出对自身公关活动效果的评价。

（三）公众评价法

这种方法即在组织公关活动过程中或结束后对公众进行相关的意见调查，然后根据调查所得的数据与信息来评定活动的成果。民意测验是公众意见调查常用的方法，可以分析出公众在认知、情感、态度等方面有无变化，也可以了解公众对相关问题的意见与看法，综合分析出公众对组织的总体印象。此外，可以召开公众座谈会或者进行重点深度访谈，获取更进一步的信息。

（四）新闻媒介推断法

这种评价方法的依据在于新闻媒介对组织公关活动报道和传播的情况，主要有三条思路。第一是统计各类媒体上与活动相关的消息与报道的次数，借此来估计该组织及该活动受关注的程度；报道越多说明活动越能引起公众的注意力。第二是分析各类消息与报道的内容与色彩，推断活动所产生的社会效果；报道中提及组织的工作成就、社会贡献等正面信息越多，越有利于组织良好形象的塑造。第三是对所涉及的媒体进行类别与层次分析，从而估计组织及活动的影响范围；权威性强、发行量大、覆盖面广的传媒有利于扩散组织公关活动的影响。

公关活动程序中的这四个环节之间既相互独立又相互联结，构成了系统性、连续性和规范性的公共关系活动：公关调查是公关策划的前提与基础，公关策划方案是活动实施的指南与依据，而活动方案的实施过程与结果则是评估的主要内容与对象。每一轮工作完成以后，都将在此基础上展开新一轮的工作，使公关工作在连续中不断向前推进。

目标检测

一、单项选择题

1. 最显著的特征在于有实在行动的公关活动模式是（　　）

    A. 宣传性公共关系 　　　　　　　　　　B. 交际性公共关系

    C. 社会性公共关系 　　　　　　　　　　D. 服务性公共关系

2. 依据各类公众的共同需求制定的目标是（　　）

    A. 长期目标 　　　　B. 近期目标 　　　　C. 一般目标 　　　　D. 特殊目标

3. 公共关系工作程序中，最复杂、最多变的关键步骤是（　　）

    A. 调查 　　　　B. 策划 　　　　C. 实施 　　　　D. 评估

4. 与其他调查方法相比，能收集到更直接、更真实、更生动具体的资料的方法是（   ）

    A. 观察法　　　　　B. 访谈法　　　　　C. 文献调查法　　　　D. 问卷调查法

5. 各类组织有效开展全方位公共关系工作的基础和出发点是（   ）

    A. 内部公共关系　　　　　　　　　B. 组织的整体目标

    C. 公共关系调查　　　　　　　　　D. 公共关系策划

6. 运用大众传播媒介和内部沟通方式开展工作的公关活动模式是（   ）

    A. 社会性公关　　　B. 交际性公关　　　C. 服务性公关　　　D. 宣传性公关

7. 以采集信息活动为主的公共关系活动模式是（   ）

    A. 交际性公关　　　B. 服务性公关　　　C. 社会性公关　　　D. 征询性公关

8. 组织形象地位四象限图中Ⅲ区所表示的是（   ）

    A. 低知名度低美誉度　　　　　　　B. 低知名度高美誉度

    C. 高知名度高美誉度　　　　　　　D. 高知名度低美誉度

9. 要保证组织的决策正确，最好的办法是（   ）

    A. 调查　　　　　　B. 预测　　　　　　C. 分析　　　　　　D. 研究

10. "传递层次过多造成信息失真"的现象属于那种沟通障碍（   ）

    A. 观念障碍　　　　B. 组织障碍　　　　C. 技术障碍　　　　D. 方法障碍

二、多项选择题

1. 公共关系活动过程的三个基本要素是（   ）

    A. 组织　　　　　　B. 群众　　　　　　C. 传播

    D. 交流　　　　　　E. 公众

2. 公共关系策划的内容是（   ）

    A. 分析公众　　　　B. 设立目标　　　　C. 明确主题

    D. 选择媒介　　　　E. 确定活动时机

3. 四步工作法即将整个公共关系工作过程划分为如下四个基本阶段（   ）

    A. 公共关系调查　　B. 公共关系决策　　C. 公共关系策划

    D. 公共关系实施　　E. 公共关系评估

三、简答题

1. 公共关系程序四个环节之间是如何联系的？

2. 公共关系策划的基本步骤是什么？

项目四　公共关系专题活动

任务一　公共关系专题活动概述

案例导入

为弘扬中医药文化，打造"现代中华药都"，2014年9月9日至10日安徽省亳州市举办了2014年国际（亳州）中医药博览会暨第30届全国（亳州）中药材交易会（以下简称2014年药博会）。2014年药博会以"中医药，让人类更健康"为主题，共安排经贸、学术、文化3大版块7项活动，其中经贸活动有2014年国际（亳州）中医药展暨酒类产品展、2014年国际（亳州）药材药品交易洽谈会和2014年中国（亳州）投资环境说明会暨项目签约仪式。文化活动有华佗诞辰1887周年祭祀大典、2014年药博会开幕式暨"中华药都"非物质文化遗产传承展示活动和中医药科普宣传、义诊活动。学术活动有2014年全国现代医药发展论坛。

近200家企业参加了药材药品交易洽谈会签约仪式，现场签订21个投资协议，签约金额达23亿元。中医药展暨酒类产品展则吸引了来自31个省的企业，1.2万平方米的展厅内共有展位450多个。在药博会期间，亳州市区景点揽金13万多。

【问题讨论】

药博会的作用是什么？

知识平台

一、公共关系专题活动概述

1. 公共关系专题活动定义　公共关系专题活动是指社会组织围绕某一特定主题，有计划、有步骤地组织目标公众参与的集体行动，是组织与公众进行沟通，引起公众关注和塑造自身形象的有效途径。因此，国内外许多社会组织经常采用公共关系专题活动的形式来扩大影响，提高声誉。

2. 公共关系专题活动的基本类型　见表4-1。

表4-1　公共关系专题活动的基本类型

分类	具体类型
按规模	大型系列活动：以同一目标为出发点，形成不同内容、不同形式、不同场所，或由不同机构，众多人参加的多项活动
	大型活动：有目的、有组织、有计划的众多人参加的协调行动
	小型活动：在某个机构场所和人员范围内举行的或人数在一百人以下的活动
按场地	室外活动：室外进行，受天气影响大，要考虑天气状况，布置物的安全性，公众对环境的适应性等
	室内活动：主要考虑室内通风设施安全性，房间的整洁性，出入通道是否畅通
	野外活动：野外进行，要考虑一些必要设施，如救伤设施、通讯交通设施等
按性质	商业性活动：商业促销活动，商业推荐活动等
	公益性活动：环保、敬老、慈善、救灾活动等
	专业性活动：科技、文学、艺术、体育等某一专业内容十分突出的活动
	社会工作活动：属于社会工作范畴类的活动，如道德，公民教育等
	综合性活动：集各种性质为一体的活动
按形式	会议型活动：新闻发布会，研讨会，洽谈会，交流会，鉴定会和培训类活动
	庆典型活动：奠基礼，周年庆典，落成典礼，开业典礼，颁奖典礼，庆功会等
	展示型活动：展览会，展销会，促销活动等
	综合型活动：集各种活动形式为一体的系列活动

二、公共关系专题活动的特点

1. 鲜明的目的性　公关专题活动是在审时度势后，根据组织或公众的某种特殊需要而举办的，这就使它目标明确，同时活动也比较集中，能较好地解决某一特殊问题。如2014年药博会，以"中医药，让人类更健康"为主题，共安排包括华佗诞辰1887周年祭祀、中医药科普宣传、义诊、药材药品交易洽谈会签约、中医药展暨酒类产品展及全国现代医药发展论坛等7项活动，目的就是为了弘扬中医药文化，打造"现代中华药都"，为亳州赢得社会效益和经济效益的双丰收。

2. 广泛的传播性　小到店庆活动，大到大型专题系列活动，为了达到预期的目标，往往需要运用多种媒介，如通过声、像营造现场氛围，通过纪念品、实物展示加深活动印象，通过演说、报告、现场答疑等吸引公众注意力和参与度，从而扩大影响。加之现场参与活动的公众会很多，这时人际传播的力量也会进一步促进专题活动的传播性和社会震撼性。

3. 严密的操作性 公关专题活动是一个多环节、运作复杂的项目，要求有规范、完整的程序和步骤。一般专题活动牵涉的人很多，牵涉的社会因素也很多，因此要注意精心的规划、得当的安排、严密的组织。稍有疏忽，都会导致难以预料的后果。如北京市密云县 2004 年 2 月 5 日晚举办元宵节灯会时，因拥挤造成踩踏事件，有 30 多人死亡。

知识链接

一般来讲，在选择媒介时要着重考虑以下因素：媒介本身的特点是否适合专题活动；不同的传播内容应选择不同的传播媒介；受传者（传播的对象和目标）的文化层次、年龄、工作性质等特点也会影响传播效果；进行成本效益分析，要花最少的钱争取最大的传播效益；此外还要考虑时效性和频率上的合理性。

4. 高效的协调性 公共关系专题活动的协调性表现在专题活动过程的各个方面与各个环节。第一，目的与内容相协调。一个既定的目的，要通过内容来实现，两者之间协调，策划构思才能实现。第二，内容与形式相协调。第三，实施项目之间相协调。公关专题活动在实施管理过程，管理事项纷繁复杂，各实施项目相互协调，才可保障实现既定的目的。

三、公共关系专题活动的目的和作用

（一）公共关系专题活动的目的

1. 制造新闻 所谓制造新闻，是指在坚持真实性的前提下，举办具有新闻价值的活动，吸引新闻界和社会公众的注意，争取被报道的机会。公共关系专题活动一般都有明确的主题，独特设计的活动内容，因而会成为新闻媒体和社会公众关注的"热点"。社会组织也可以主动与新闻媒体联系，吸引新闻媒体和社会公众的注意，以扩大组织的社会影响力，提高企业的知名度。

2. 促进销售 通过公共关系专题活动，淡化推销的色彩，使社会公众从感情上接受一种新产品、新服务，制造有利的营销气氛，从而为进一步的销售活动开拓道路。

3. 塑造形象 利用社会传统的重大节日或企业自身富有意义的纪念日，举办公关专题活动，借此可以表达企业对社会公众的善意，塑造良好的组织形象，改变社会舆论和关系环境，也可以改善企业内部的人际关系。

4. 挽回影响 当企业形象受到损害时，及时组织公共关系专题活动，通过巧妙的设计和有效的工作，改善公众原有的印象，使受到损害的企业形象得以恢复。这一点我们会在"项目七 危机管理"中做进一步的阐释。

（二）公共关系专题活动的作用

1. 直接效益和作用

（1）举办者直接获益 组织通过公关专题活动策划，可以扩大组织的知名度和美誉度，树立自身形象；实现其对内对外的经营目标，增加其经济收入。

（2）承办者直接获益　承办者主要是指受委托的专业展览公司或展览会场馆，他们可以从承办中直接获得经济效益，不断扩大承办者的知名度，同时密切承办者参与参展者的关系。

（3）参展者直接获益　公关专题活动为参展者提供了一个推销自己展品或服务的机会，他们可以借此机会扩大组织经营规模和扩大知名度的机会，增加产品售后利润，获取各种信息情报。

（4）参观者直接获益　参观者大多是购买者、被服务者或是被宣传对象，他们可现场看样，直接订货，快速购买和接受宣传，还可以与同行切磋技术，沟通联系，获取信息，开阔思路和启迪创意。

2. 间接效益和作用

（1）有效地促进地方经济的发展和腾飞　通过策划举办各种专题活动，可以提高地方的知名度，吸收投资者的兴趣。如安徽亳州连续举办了30届药博会，不仅有力地推动了地方经济发展，也促进地方商业和旅游业的发展。仅2014年药博会期间，亳州市区景点也获得13万余元的景区收入。

（2）可以有效地推动城市建设　地方经济的发展推动城市建设的发展。如2008年北京奥运会，促进了北京机场、火车站、城市道路、电信系统、新闻中心以及奥运村及其辅助设施等大型基础设施的建设和改造，使得北京城市建设各方面都有了一个全新的发展。

（3）可以提供大量的商贸合作机会　如2014年的"广州国际旅游展览"既为海外的旅游机构和企业提供拓展中国市场的平台，也为国内旅游同业提供开拓国际市场的机遇，同时为海内外旅游同业提供了商务交流、合作共赢的机会。

（4）有效地促进科技文化事业的发展　通过公共关系专题活动，可以交流文化、推广技术，使人类各项先进科学技术和文化知识融为一体，以展品本身的形式以及专题活动本身的美，给人以启迪、激励和鼓舞，促进了科学技术和文化事业的发展。

四、公共关系专题活动的基本程序

（一）公共关系专题活动的调查研究

分析社会组织的形象、现状及原因，即对社会组织进行"诊断"，从而为选择公关活动目标和方法提供依据。

（二）公共关系专题活动的策划

1. 确定目标　一般来说，所要解决的问题就是公关活动的具体目标，它服从于树立社会组织形象这一总体目标。在策划时，公关活动目标应明确、具体，具有可行性和可操作性。

2. 设计主题　公关活动的主题是对公关活动内容的高度概括，它对整个公关活动起着指导作用。主题设计得是否精彩、恰当，对公众活动成效影响很大。设计一个好的活动主题一般要考虑三个因素：公关活动目标，即公关活动的主题必须与公关活动目标相一致，并能充分表现目标；信息特性，即公关活动主题的信息要独特新颖，有鲜明的个性，突出本次活动的特色；公众心理，即公关活动主题要适应公众心理的需要。不同的公众群体有着不同的要求，因此确定公众后，分析公众心理，针对不同公众确定不同主题，使之具有强烈的感召力。

3. 选择活动方式　通过什么方式开展公关活动关系到公关工作的成效。选择活动方式是创造性的工作。活动是否新颖、有个性，关键取决于策划人员的创造性思维是否活跃。因此，在选择活动方式时，要充分发挥策划人员的独创能力和潜在能力。

4. 经费预算　如表4-2所示。

表4-2　公共关系专题活动涉及的常见预算内容

预算项目	具体内容
场地费用	场地使用权的租赁费
物资费用	各种道具、器材、设备、文具、礼品及布置场地所需的费用等
礼仪费用	礼仪性项目的开支，如邀请乐队、仪仗队、文艺演出的演员等
安保费用	活动期间保卫工作、安全设施等费用支出
宣传费用	如摄影、录像、广告宣传、宣传品印刷、展示费用等
项目开支	交通运输费、差旅费、办公费等行政性开支或代付费用
餐饮费	活动项目中有宴会或餐饮计划，需要安排这一项目
劳务费	公关人员和其他劳务人员的薪水
不可预算的费用	应急费和大型活动常常有的许多不可预算的开支，通常在这一类费用列支，一般是以活动费用总额的5%~10%计算
承办费	假如是委托专业公关机构承办的，必须支付承办费

（三）公共关系专题活动的实施

1. 制定实施方案　公关策划人员需要列出具体的实施方案，列出各项筹备工作的要求，列出工作计划的进度表。在拟定实施方案的同时，有两项工作是十分重要的，一是拟定财务开支的计划，二是办理公共关系专题活动的报批手续。

2. 筹备工作　这一阶段主要的工作有三个方面：一是全面展开各项筹备工作；二是拟定应急程序计划；三是拟定具体的传播计划。

3. 活动进行　这是最紧张的工作阶段，关键是做好现场的指挥和协调，要做到有条不紊，需要优秀的综合管理能力。

（四）公共关系专题活动的评估

每一项公关专题活动计划实施之后，都应该采取不同的方法进行评估工作。

任务二　庆典活动

案例导入

案例1

2008年，"老百姓大药房"全国百余家连锁店共同推出"真情七周年·爱心奉献"大型活动，除了大幅让利，还给所在地区的特困户免费送日常生活用品等。

活动期间，老百姓大药房浙江所有分店推出"礼品大放送"活动，如购物满59元送洗衣粉一包；满89元送酱油、醋、盐套装；满169元送食用油一瓶等。还推出"快乐大转盘"活动，购物满88元即可获得转盘机会一次，转到什么拿什么。还推出6大免费服务项目：免费测血糖、免费量血压、免费称体重量身高、免费中药打粉、免费中药切片、免费健康咨询。

案例2

2012年是湖北中联大药房成立十五周年。为做好湖北中联大药房十五周年庆典活动，公司成立了十五周年庆典活动筹备小组，从庆典标志、文化氛围营造、行销活动、团队建设等多方面详细制定了全年的庆典活动思路和方案，并确定将自行车迎春环保接力活动作为公司十五周年庆典正式启动。

2012年8月18日上午9:00，自行车迎春环保接力活动在选定在长江两岸的武昌积玉桥分店、汉口台北路分店同时启动，近百名管理总部员工一起见证并参与本次自行车迎春接力活动。根据接力路线，16辆自行车在长江两岸成为一道亮丽的风景，首日参与接力分店23家分店，计划利用四个周末完成江城一百二十家分店的接力活动。

公司希望通过开展湖北中联大药房十五周年庆典活动，回顾十五年的成长历程，鼓舞团队士气，号召全体员工继承和发扬创业精神，保持创业初期的激情，继续在新形势下、复杂的市场环境中迎难而上、开拓奋进，继续集思广益、思变创新，共同描绘湖北中联大药房更加壮伟的蓝图！

案例3

2014年7月11~8月11日，宝岛眼镜迎来了十四周年庆典，与此同时新一轮打折让利风暴来袭，吸引了GUCCI、DIOR、PRADA等主力品牌眼镜打折加入，各种冰点价引爆整个夏季。套用当前流行的一句话：亲，在宝岛眼镜，且看且买且珍惜！

【问题讨论】

以上庆典活动分别采取了什么形式？活动的意义是什么？

知 识 平 台

一、庆典活动概述

庆典活动是社会组织围绕重要节日或自身重大事件举行庆祝活动。一般包括节庆活动、纪念活动、典礼仪式和其他活动（表4-3）。通过庆典活动，可以渲染气氛，强化组织的影响力；也可以广交朋友，广结良缘；成功的庆典活动还可能具有较高的新闻价值，从而进一步提高组织的知名度和美誉度。

表4-3 庆典活动的常见类型

类型	常见形式
节庆活动	官方节日：元旦、妇女节、消费者权益保护日、国际劳动节、儿童节、建军节、国庆节、圣诞节、感恩节等
	民间传统节日：春节、元宵节、清明节、端午节、中秋节等
	特色节庆活动：根据地方自身文化传统、风俗习惯、土特产等
	双十一、双十二等颇具时代特色的网购节

类型	常见形式
纪念活动	历史上重要事件、本行业重大事件、本组织周年等的纪念日
典礼仪式	典礼：开业、开幕、竣工、颁奖等 仪式：签字、捐赠、就职、授勋等

知识拓展

签字仪式

签字是一种常见仪式，作为组织中负责对外交往和礼宾的公关人员，应当熟悉签字仪式的程序。签字时，双方签字人的身份应大体相同。安排签字及签字仪式是一项细致的工作。首先，要做好文本的定稿、翻译、校对、印刷、装订、盖火漆印等工作；第二，准备好签字用的文具、国旗等物品；第三，与对方商定签字人员及参加签字仪式的人员，原则上是双方参加会谈的人员出席，或者是为表示重视，安排较高级别的领导人出席签字仪式。签字后，由双方签字人员互换文本，相互握手，有时还备有香槟酒，以示庆贺。

庆典活动可引起三大效应。

1. 引力效应 指组织通过庆典活动吸引公众的注意力。

2. 实力效应 指通过举办大型庆典，显示组织强大的实力，以增加公众对组织的信任感。

3. 合力效应 开展大型庆典，能增强组织内部职工、股东的向心力和凝聚力，提高公众对组织的信任感。如案例中的老百姓大药房，借助周年庆典活动，全国联动冲击消费者的心理，同时促使老百姓大药房的品牌进一步深入人心。

二、庆典活动策划

组织庆典活动是所有公共关系活动中"表演"色彩最为浓厚的活动。要把庆典活动开展得有声有色，引起社会公众的广泛注意，庆典活动应做好策划工作。

1. 确定活动主题 确定庆典活动的主题，才能安排活动内容和活动形式，而活动主题的确立，需要根据组织需要和公众的需要进行精心设计。从公关角度讲，每个庆典活动本身的名称只是表明了形式上的主题，传递某一社会组织的精神、实力、业绩等。要想让活动的表现形式与主题内涵有机融合，那么庆典活动的主题必须要与本组织事业发展有本质连续。

2. 拟定活动程序 庆典活动一般都比较复杂、盛大，要做到忙而不乱，就要拟定庆典活动的程序，包括确定形式规模、举办时间、举办地点、具体实施方案等。程序设计好后要事前印制完毕，待庆典之日发放给宾客，方便宾客了解掌握活动安排。

3. 做好前期准备 要想庆典活动成功，精心筹备是关键。要提前发放请柬邀请宾客；确定主持人、发言人以及他们的讲话文稿；以隆重、热烈、大气、得体的原则布置会场；做好对内、对外宣传工作，落实摄影摄像、新闻通讯材料；安排接待以及其他准备工作。

4. 明确职责分工 从前台组织到后勤保障，从宣传工作到收尾工作，每一项活动内容都要具体落实到人。并需要组织内部工作人员密切配合，共同完成。

知识链接

会场布置

主席台及主宾位置应放在会场前方突出的部位，并根据庆典活动的需要放置桌椅、台布、摆放鲜花和茶具，并在场地四周悬挂条幅、标语、气球、彩带，或张贴主题词、宣传画等。此外，还应该在醒目之处拜访来宾赠送的花篮、牌匾等。

其他准备工作主要包括以下几项：剪彩用的彩带、剪刀、托盘；表彰用的奖品、奖金、荣誉证书等；奠基、植树用得的铁锹；签到或收受礼品用的登记簿；礼品或纪念品；留言簿；本单位的宣传单；待客的饮品；音响、照明等典礼举行之时所需使用的其他用具和设备，必须事先认真进行检查和调试。

三、庆典活动的组织实施

1. 接待工作 接待人员应热情接待宾客，并组织签到，同时分发相关的组织宣传材料、本次庆典的活动程序和其他材料。如有领导或嘉宾，要为其佩戴胸花，引至专门的接待室。

2. 庆典环节 主持人宣布活动开始，介绍重要来宾或者宣布来宾名单，宣读重要单位的贺信、贺电，或者是贺信、贺电的单位名单，嘉宾祝词、领导讲话、现场互动等。

3. 剪彩 如果是大型工程破土动工奠基仪式、竣工仪式、公司成立、商场开业等活动，一般有剪彩这一庆典活动所独有的节目。通常由主持人宣布剪彩人员的单位、职务和姓名，一般是上级领导、政府官员或社会知名人士与组织领导人共同担当剪彩人。不过也可以进行适当创新，如请组织内特殊贡献人员、普通公众等进行剪彩。礼仪小姐将剪彩所需用品送至主席台，剪彩人伴随热烈的音乐进行剪彩。

4. 余兴节目 由于正式庆典活动不宜时间过长，因此安排余兴节目可以相对延长活动的整体时间，有利于口扩大组织与公众的直接交流。余兴节目宜安排一些热烈的节目，如文艺表演、放气球、燃放礼花等。也可以组织宾客参观本组织的设施或特色场所和商品等，增加宣传本组织的机会。或组织座谈会，广泛征求意见。或组织舞会、宴会等答谢宾客。或组织大型促销活动。

四、庆典活动的评估

1. 直观的氛围 现场氛围是否轻松愉悦，是否热烈激昂，是否拉近了组织和公众的距离，是否利于培养情谊，这些都是评判庆典活动是否成功的直接标准。

2. 宾客的反响 上级领导、重要宾客、社会公众的态度、反馈，社会舆论等，都可以检查庆典活动对组织形象的改善做出了多大的贡献。

3. 目标的预期 预期目标在多大程度上的实现是庆典活动成功与否的最直接体现。

五、组织庆典活动的注意事项

（一）一般注意事项

庆典活动既是社会组织面向社会和公众展现自身的机会，也是对自身的领导和组织能力、社交水平以及文化素养的检验。一般说来，庆典活动应注意以下事项：

1. 准备充分 庆典是一种规模较大、十分正规的活动，因此在举办之前，组织方要尽量做到策划周到、细致，分工到人，责任到人。

2. 指挥有序 庆典活动参加人员较多，场面热闹，因此组织者事先要对整个庆典活动的流程非常熟悉，适时检查、督促、调动各个部门的工作，确保活动顺利、安全进行。

3. 配合协调 活动前，建立有效的联络系统，从上到下，从内到外，要保持联络的通畅。活动中，公关人员既要明确分工，各司其职，又要相互配合，相互补台，注意组织的整体形象。活动后，要互相点评，总结经验。

（二）特殊环节注意事项

上面讲的是举办庆典活动所要注意的一般事项。实际上，庆典活动中还有一些特殊环节需要注意。

1. 时机恰当 庆典活动的时机不能机械和呆板，如果庆典活动的时间正好与社会上某些重大活动重合，将会发生矛盾冲突，本组织的活动将会被社会上的重大活动冲淡而黯然失色，事倍功半。因此，遇到这种情况，应适时调整庆典时间。如果可借助社会上重大活动的力量，那时间重合可以考虑，但要做好充分应急预案。

2. 形式新颖 庆典活动一般都是按照上述程序进行实施，因此要想给公众留下深刻的印象，那么一定要巧妙构思，精心设计一些别出心裁的活动，让本组织的庆典活动即达到预定目标，又富有意义、与众不同。如 2014 年亳州药博会在简短的开幕式后，设计了"中华药都"非物质文化遗产传承展示活动。激情高亢的唢呐表演《活力亳州》、二夹弦《梁祝》、剪纸、梆剧《好一个大药都》等省级和国家级非遗项目纷纷上演，亳州市委书记杨敬农还带头在开幕式上跳起了五禽戏。这些活动设计无疑让庆典现场的观众热情高涨，记忆深刻。

3. 效应轰动 庆典活动无非是要制作新闻价值，造成轰动效应。这就需要公关人员多花心思，而且要学会"乘势、借势、造势、用势"。如企业借助大型升空气球、充气拱门、卡通人等宣传工具"造势"；乌吉热克乡"借势"诺鲁孜节庆典活动助推农家乐产业发展等案例。

知识链接

阅读推荐书目

《借势·造势》
作者：郭志台
机械工业出版社

《交手2：谋局高手》
作者：何常在
江苏文艺出版社

活动设计

【实训目标】

掌握周年庆典的组织和相关礼仪规范。

【实训内容】

模拟某药店周年庆典活动。

【实训步骤】

1. 分组讨论，编制一份庆典活动的程序，仪式按此程序进行。

2. 设计重要宾客名单，具体单位和职务由学生自己拟定，并分别扮演相关角色。

3. 庆典结束后，学生谈感想，小组互评，教师总结。

任务三　展　览　会

案例导入

　　长春汽博会是中国（长春）国际汽车博览会的简称，是由中国国际贸易促进委员会长期批准的，是国内著名三大车展之一。1999年8月成功举办了第一届长春汽博会，2014年7月举行了第十一届长春汽博会，这一届展会的主办单位是中国国际贸易促进委员会、中国汽车工程学会、中国汽车工业协会、吉林省人民政府、长春市人民政府。

千辆展车，引燃车城盛会激情

　　第十一届汽博会的主题为"缤纷车展，引领未来"，宗旨为"推进汽车交流，开拓汽车市场，探索汽车技术，弘扬汽车文化，引领汽车未来"。定位于更加突出长春汽博会国际性、引领性、观赏性、体验性、综合性特征，把第十一届中国（长春）国际汽车博览会办成一届繁荣、热烈、隆重、时尚、节俭的盛会。

本届汽车博览会国内外主流汽车集团和汽车品牌将全部参展，预计展览总面积为20万平方米，参展车辆预计达1200辆，参展品牌152个，新车发布会将达到100场。长春国际会展中心1~9号馆为乘用车展馆；1~5号馆环廊和2~5号馆连廊为汽车用品及零部件展区；六个室外整车展区，分别为客车、商用车、特种车、改装车、工程车等；两个室内媒体展区，分别为标准展区和特装展区。

盛况空前，长春车展走向世界

汽博会国际化特征更加显著。截至目前，德国的大众、奔驰、宝马；美国的通用、福特、克莱斯勒；日本的丰田、本田、日产；法国的标志、雪铁龙、雷诺；韩国的现代、起亚、双龙等国际主要汽车生产集团均派出强大阵容参加长春车展。世界级超豪华房车劳斯莱斯、宾利；世界五大跑车品牌保时捷、法拉利、玛莎拉蒂、兰博基尼、阿斯顿马丁；超级跑车科尼塞克、世爵、迈凯伦等也已确定参展。本届汽博会国际汽车厂商参展面积达到总展出面积的32%，是参展比例最高的一届，展会的国际化特征更加显著。

汽博会的引领作用更加明显。本届汽博会通过概念车、新能源车、首发车、最新的发动机、变速箱、动力总成及其他新科技和新材料的展示和推广，引领未来汽车产业发展方向和汽车消费的新趋势。此外，通过长春汽博会这一展示和交易平台，加强同各参展企业的高层进行接洽，精心策划和举办汽车、旅游、交通等产业的招商引资活动，实现展会和招商引资的最佳融合。

更加注重汽博会的观赏性。将利用LED、水幕电影等"声、光、色"技术手段，营造瑰丽壮观的光影奇观和精彩绝伦的画面。同时，现代化的展台搭建，香车美女的模特秀场以及精彩的展台演绎，将给观众带来高品位的艺术享受。特别是作为本届长春车展最豪华的展台，一汽集团通过巨型LED打造360°全景展台，将会给广大车迷带来震撼和享受。

本届车展除了国际品牌大幅增加以外，本土汽车品牌也是参展规模空前。一汽、北汽、吉利、华晨、奇瑞、上汽、长安、东风等汽车品牌都以最强阵容参展，彰显了自主品牌的风采。汽博会还专门设立了最具前瞻性和代表性的新技术、新材料展示专区。集中展示包括汽车设计（如天火设计）、新能源（如电动、油电混合、锂电池）、新材料（如纳米材料、碳纤维）、汽车玻璃、轮毂、电子系统、新型发动机等代表汽车发展前沿技术的一系列最新材料。特别是一汽将展出自主研发的V8发动机，代表着中国汽车技术的最高水平，是其他车展从来没有的。

加大营销，全面展示汽车文化

市场化运作是长春汽博会的一大特点，本届汽博会以"创新汽博、生态汽博、文化汽博、激情汽博"为主线，策划实施了内容营销、事件营销、公益营销、品牌营销等十三个方面的营销推介策略。

在内容营销方面，重点对本届展会的规模、档次、服务、概念车、新能源车、豪华车、首发车、新技术、新材料等方面进行全方位、多角度、系列化的宣传报道，扩大汽博会的影响力，吸引国内外各界的积极参与；在事件营销方面，将借着巴西世界杯契机，在汽博会开幕当天，邀请由谭咏麟、曾志伟、陈百祥等组成的香港明星足球队举行"香港明星足球赛""香港明星长春公益行""香港明星车展行""名车、明星、名模互动"等一系列活动，通过明星的巨大影响力，对长春车展进行营销推介；组委会还将加大长春市及周边城市的电视、电台、报纸、网络、杂志等媒体的宣传力度；做好火车站、客运站、机场、高速公路的广告宣传及市内街路的彩化、亮化工程，打造车展的主场氛围，强化市民的关注度，使长春这座汽车城辉煌的发展历史、雄厚的产业基础、深厚的汽车文化内涵得以充分展示。

以人为本，公共服务水平得到提升

成功的展会建立在高效的服务保障水平上，本届汽博会将充分体现"以人为本"的理念，按照主动、热情、严谨、周到的总体要求，在会务服务的诸多方面，关注细节、提升水平，让展商和观众真正感受到长春汽博会宾至如归的最佳服务。

做好展场线路服务，使用立体会标，按照国际惯例，设立展馆内外的指示标识，为观众提供高效、便捷、明了的参观服务。做好门禁服务，采用国际上最先进的奥地利门禁系统，保证展会期间到会来宾的出入顺畅和各项专业数据的准确统计。做好餐饮服务，按照国际化标准设置室内、室外休闲餐饮区域，方便展商、观众休息和用餐。

【问题讨论】
长春汽博会连续举办的成功经验有哪些？

知识平台

一、展览会概述

展览会是一种综合运用各种传播媒介、手段推广产品、宣传组织形象和建立良好公共关系的大型活动。它通过实物、文字、影像、图表、现场展示、现场解说和操作详解的方法展示成果，给公众以极强的心理刺激，从而加深公众的印象，提高组织和产品在公众心目中的信誉。

（一）展览会的特点
一般的展览会有以下 5 个特点。

1. 直观性 一个展览会通常以展出实物为主，并进行现场的示范表演，如纺织品展览会上的时装表演。这种非常直观、形象和生动的传播方式，不仅加深参观者的印象，而且会提高组织和产品在参观者心目中的可信度。

2. 双向性 展览会为组织和公众提供了直接交流、相互交流的机会，参展单位在让公众近距离了解自己的同时，也在了解公众对展品、组织形象的意见反馈，并根据这些反馈信息及时完善自身。

3. 高效性 展览会所采取的直接双向沟通方式，针对性强，收效较大。展览会可以一次展示许多行业的不同产品，也可以集中同一行业的多种品牌来展示，为参观者提供了更多的机会并节省了大量的时间和费用。因此展览会具有高效率和高度集中的特点。

4. 复合性 一个展览会通常会同时运用多种传播媒介，包括声音的媒介如讲解、交谈和广播等；文字的媒介如印刷的宣传手册、介绍材料；图像媒介如各种照片、幻灯片和视频等。这种同时使用多种媒介进行交叉混合传播，正是其复合性的体现。

5. 新闻性 展览会是一种综合性的大型活动，往往能成为新闻媒介追踪的对象，是新闻报道的好题材。展览会前一般都会做广告进行宣传，隆重的开幕式和闭幕式等也会产生轰动效应，参展单位就可利用展览会各阶段的活动制造新闻，扩大影响。

（二）展览会的类型

展览会的基本类型见表4-4。

表4-4 展览会的基本类型

分类	具体类型
按规模	大型展览会：其规模可大至世界性的博览会，多是综合性的，参展的组织多，展出的项目多，涉及面也广，需要有较高的专业技术水平
	小型展览会：规模较小，常常由一个组织自己举办，展出的项目比较单一
	微型展览会：最小规模的展览会，如商店橱窗的商品展览
按内容	综合性展览会：综合展示一个国家、一个地区或一个组织的建设成就，既有整体概括，又有具体形象，观众参观后会有一个比较完整的印象，如"中国家电博览会"，就是由中国家用电器协会主办，是目前家电行业规格最高的大型综合性展会。
	专业专题性展览会：介绍某一些专业或专题的情况，虽不要求全面系统，但也要内容集中、主题鲜明、有一定深度，如我国举办的"中国酒文化博览会"，就是专门以酒为核心，通过酒来展示企业文化和中国传统的酒文化
按性质	贸易性展览会：举办这种展览会的目的是为了促进商品交易，展出的也是一些实物产品和新技术等
	宣传性展览会：通过展品向观众宣传某一思想或观点，或让观众了解某一史实，其特点是重在宣传，没有商业色彩，展品通常是照片、资料、图表及实物等
按时间	长期展览：展览形式是长期固定的，如故宫博物院等
	定期展览：展出内容定期进行更换
	短期展览：这是一种展出时间较短，展览结束后即行拆除的展览会
按地点	室内展览：在室内举行，不受天气影响，不受时间限制，可展出较为精致，价值很高的展品
	室外展览：在室外举行，规模可以很大，布展也比较简单，但会受到天气的影响
	巡回展览：是一种流动性的展览，往往利用车辆运往各地巡回展出

二、展览会的组织实施

展览会是大型综合性的公关专题活动，需投入较多的人力、物力、财力。组织展览会的一般原则是：主题思想明确，布局结构合理，布置美观大方、经济、新颖，解说精练、流畅、动人，给人以深刻印象。

（一）分析参展的必要性和可行性

在举办展览会之前，首先要分析其必要性和可行性。如不对其必要性和可行性进行科学的分析论证，就有可能造成不良后果：一是费用开支过大而得不偿失，二是盲目举办而起不到应有作用。

（二）明确展会的目的和主题

举办任何一个展览会，都必须首先明确展览会的主题和目的，并在此指导下确定展览会的传播方式和沟通方式，使之更有针对性；确定整个展览会的领导者、策划者、执行者和工作人员，使之更有可操作性；确定展览计划，使之成为日后评价展览效果的重要依据。

（三）确定参展单位、参展项目和展览会类型

举办者可以通过广告、新闻发布会或直接邀请等方式，联系可能参展的相关单位，并将展览会的宗旨、时间、地点、展出项目类型、展览会的要求和费用以及对参观人数和类型的预测等告知联系单位，既借此吸引参展单位的关注，又给潜在参展单位提供决策所需的资料。

（四）明确参观者的类型和数量

参观者的类型和数量将影响展览会传播方式的复杂性、多样性和实效性，因此展览会必须在策划阶段就考虑好参观者的类型和数量，使展览会的策划者和讲解人有针对性的准备材料。

（五）选择展览会的时间和地点

一般会按组织需要而选择展览会的时间，但是有些展览会要顾及时间性和季节性，如花卉展览。在选择地点上，首先要考虑是否方便参观者；其次考虑展览地点的场地大小、质量、设备、安全因素等；再次，要考虑展览会地点的周围建筑是否与展览会主题相得益彰，辅助设施是否容易配备和安置等。

（六）培训工作人员

展览会工作人员的素质和技能对整个展览会效果起着重要影响。因此必须对展览会工作人员如讲解员、接待员、服务员和操作员等进行良好的公关意识和技能培训。培训内容包括：展览项目的专业知识，确保工作人员能为观众提供咨询服务。公关知识、接待礼仪方面的训练，让公关人员善于礼貌文明地交际，能得体地与各类观众交流；仪表端庄大方，不落俗套。各自的职责及对各种可能该发生的突发事件的处理原则和方法，确保展会安全、有序地进行。

（七）成立专门对外发布信息的机构

该机构负责与新闻界联系的一切事宜，并要制定信息发布的计划，如确定发布的内容、时机、形式等，公关人员应发掘展览会上有新闻价值的东西，写成新闻稿，或邀请新闻界采访报道，以扩大展览会的影响。

（八）准备各种辅助宣传资料、辅助设施和相关服务

宣传资料：如录音、视频、光碟、幻灯片、展览会目录表、招贴画、展架、pop 海报等。设计制作展览会徽标，备好展览会纪念品，以强化对展览会的印象。

辅助设施：如业务洽谈室、合同签订室、文书业务、影视、音响、灯光、展柜、广告栏及银行、邮政、海关、检验、交通运输、停车场等。

相关服务：提前印好入场券并分发出去，准备好售票的地点和窗口等。

（九）布置展览厅

布置展厅主要涉及展区的整体设计和规划、入口处布局、展台或展位的布置等。展厅设计的基本原则是：展示陈列的各种展品要围绕既定的主题，进行互为衬托的合理组合与搭配，要在整体上井然有序、浑然一体。优秀的展厅设计应具有很强的视觉吸引力，只有这样观众才会对该展台产生兴趣，并直接加深观众对参展企业的识别度和记忆度。展览厅入口应设置咨询服务台和签到处，并贴出展览会平面图，作为参观指南。

（十）制定展览会经费预算

具体列出展览会的各项费用，加以核算，有计划地分配展览会的各项经费，防止超支和浪费。

知识链接

优秀展厅设计技巧

展厅布置在具体操作时可考虑以下技巧：以"图"感人——将组织标志的图形部分作为基本的造型元素，其进行抽象、概括、立体化处理，从而形成有别于其他展厅造型，完全体现企业自身特点的设计效果。以"颜"诱人——考虑角度、方向、背景、光线等综合因素，将展品与特定的色彩联系起来，两者相配，使用相联系的色彩来装饰展台表现展品，使展品展出后整齐、美观、富有艺术色彩，给人以美感，并有助于强化记忆。以"字"服人——主要是指文字说明、图解、照片背景等几个方面。在具体设计中，应根据展台所处位置、参观者流动方向来确定图文大小、朝向。这里需要"开门见山"的效果，而不是含蓄的表达方式。

三、展览会的效果评估

展览会后，要对展览会的效果进行检测评估，了解公众对产品的反响，以及对组织形象的认识和对整个展览会兴办形式的看法等，是对实施展览工作所带来的社会效益的测量和评估。其评估方法主要有以下几种。

（一）设置公众留言簿

举办者或参展者在展览厅出口处设置参观者留言簿，主动征求参观者意见。

（二）召开公众座谈会

在展览会过程中，随机找一些观众座谈，谈论一下对展览会的观后感，并要求提出其看法和意见。

（三）委托记者采访

在展览会期间，可邀请一些新闻记者在展览会上对公众进行采访，提出一些双方感兴趣的问题让观众回答，来收集观众意见，并做好录音或记录，以备组织效果评估使用。

（四）开展问卷调查

展览会结束后，根据签到簿信息向观众邮寄调查问卷，或主动登门拜访填写问卷调查表，了解展览会举办的实际效果。

（五）组织有奖测验

当场举办有关展览会内容的知识竞赛，当场提问，当场解答，当场发奖。不仅可以活跃现场氛围，而且为测定展览会效果提供"第一手"的统计数据。

任务四　开放参观活动

案例导入

"伊利参观工厂"是伊利举办的"伊利工厂开放之旅"活动的简称。"眼见为实，伊利的生产工艺让老百姓放心。而将普通消费者请进家门，也让我们感觉到企业的亲切，相信这能够为伊利赢得信任和尊重。"在2013年"伊利工厂开放之旅"的活动首日，一名参观过伊利车间的消费者这样讲。

"伊利诚邀消费者走进工厂，接受来自社会各界的审视和监督。作为企业，让消费者享受知情权和监督权。"活动相关负责人表示，"在伊利工厂，天天都是开放日，人人都是监督员。""伊利工厂开放之旅"总结有三大亮点，即"全年"、"全国"、"全民"。"全年"——从时间上看，参观活动自4月6日起启动，将持续贯穿2013年全年。"全国"——从地域上看，北至黑龙江肇东，南至广东佛山，西起宁夏吴忠，东到江苏苏州，本次开放的伊利工厂基本实现了全国性覆盖。"全民"——全国各地的消费者只需上网搜索"参观伊利"，或登陆伊利官网按照页面提示，选择距离最近的伊利工厂，简单几步即可完成预约。伊利公司将在工厂所在城市或临近城市，提供免费专车接送，并全程配备专业的讲解员，一一解答消费者对于伊利产品的各种提问。

在首日的"伊利工厂开放之旅"活动中，旅程的亲切和伊利生产工艺的严谨，都给公众留下深刻印象。通过讲解员的专业讲解，不但伊利在产品的生产过程中，引进了国际领先的设备，采用先进的机械化挤奶技术，而且还可以看到伊利在原奶运输环节中，全程采用GPS监控，确保牛奶安全到厂。整个生产环节，采用真空灌装技术，确保全程无菌、密闭。此外，活动当天还有一位特殊的消费者来到伊利工厂，她就是伊利品牌代言人、著名女子网球运动员李娜。在活动现场，李娜变身"导游"，亲自带领来自全国的热心消费者走进伊利。李娜更直言：参加此次活动，拉近了我与"粉丝"的距离，切身感受到伊利的"亲民和零距离"。现场参与的消费者也普遍反映，在"零距离"接触过程中，一些细节让人倍感宾至如归。特别是工厂内每一位伊利员工的微笑和问候，专业讲解员的一路陪同和细致入微的解说，都让他们感觉到作为"公众质监员"，已经成为伊利大家庭的一分子。

中国乳制品行业的领军品牌表示，将以务实获得信任，靠开放寻求发展——也正是两会上国家领导人对中国经济提出的新时期要求。主动回应中央决策率先自律，伊利给出了乳制品行业龙头的态度：坚实的品牌底蕴将通过实干得来，行业公信力要通过卓越的产品品质树立。

【问题讨论】

结合案例，谈谈开放参观活动对组织而言有什么作用？

知识平台

一、开放参观活动概述

开放参观活动是指社会组织为了让公众更好地了解自己，或为消除对本组织的某些误解，组织和邀请有关公众前来本组织参观考察的一种公共关系活动。开放参观活动的类型见表4-5。

表4-5　开放参观的类型

分类	具体内容
按主题	常规性参观：一般没有特定主题，是组织的常规工作
	专题性参观：具有特定目的，围绕一个专门确定的主题而进行
按参观者	一般参观：对公众对象不加限定
	特殊参观：针对特定公众对象，如上级部门领导人的视察，学生见习等

二、开放参观活动的组织实施

组织开放参观，既是一种很好的公关活动，也是一项很繁杂的工作。应做好以下几方面的工作。

（一）明确开放参观的目的

任何一次开放参观活动都应明确活动目的是什么，解决什么问题，达到怎样的目标和效果，才能进一步策划和组织好参观活动，使整个活动有的放矢地进行。

开放参观活动的主题一般有以下几个方面：一是增加组织的透明度，主动把自己展示在公众的视线下，拉近与公众的距离，赢得组织美誉度。二是消除误解，以事实说服公众，赢得公众理解和支持。三是增添组织的凝聚力，既锻炼公关人员，又增强员工或家属的自豪感。四是扩大组织知名度，促进组织的业务拓展，并在无形中提高组织整体素质。

知识链接

广东大亚湾核电站风波，就是以组织公开参观活动来平息的。1986年正当我国政府决定在广东大亚湾建造核电站时，前苏联切尔诺贝利核电站突然发生核泄漏，造成严重人员伤亡和环境污染。面对核泄漏惨状，我国香港各界、各阶层人士纷纷陈词议论，反对在与香港毗邻的大亚湾建造核电站。一时风雨满城，舆论哗然。为了证实大亚湾核电站的安全可靠，我国政府在加强舆论宣传的同时，请香港选民代表参观了大亚湾民站站址，并在现场向他们介绍了各种安全的防御措施和多方面的核能知识。这些代表回香港后，社会和新闻界的许多反对意见就渐渐地销声匿迹了。

（二）确定开放参观的时间

不但要考虑开放参观的时间，也要考虑整个参观活动所需的时间。开放参观的时间最好安排在一些特殊的日子，如周年纪念日、企业开工日、节日等，使参观者有充足的时间和兴趣来参观，如上海电视台每逢元旦、中秋节、春节便邀请本台职工家属来电视台参观，让他们为自己亲属在这里工作而感到骄傲，使他们支持并协助本台职工的工作。

要有足够时间准备对外开放参观活动。规模较大的开放参观活动需要 3~6 个月的准备时间，如果还要准备大规模的展览会，编印纪念册或其他特别节目，则需时间更多。同时还需要注意时间安排的合理性，要尽量避开一些重大社会事件和节假日。此外还要考虑季节和气候因素，太冷太热都不宜安排开放参观活动。

（三）设计开放参观内容

根据活动主题来设计开放参观内容，一般包括：组织情况和活动介绍，最好配发简明生动的宣传手册；现场观摩，如生产线、营业大厅、工艺流程或组织历史展馆等；实物展览；还可考虑参观者的特殊需要和兴趣安排相关内容。

（四）划分参观线路

在确定参观内容的基础上确定参观路线，考虑是全局开放还是局部开放，要提前拟好开放参观路线；制作导向图及标志，标明开放区、餐厅、卫生间、休息室等关键场所；在开放参观路线的拐角处或岔路处都要设置路标，有助于参观者快捷顺利参观。

此外，还要考虑保密和安全问题，防止参观者越过参观所限范围，出现不必要的麻烦和事故。当然，只要安排得当、向导熟练，就可以防止泄露事件。因此，不必在这方面有过多的顾虑。

（五）落实参观者

根绝参观活动目的和主题选择相应公众。通过广告、邀请函等形式邀请参观公众，邀请既要重视目标公众，又要充分考虑一般社会公众，同时尽可能多邀请一些党政要员、社会名流、明星来参观，以制造新闻点。

另外要根据组织的接待和承受能力，确定参观者的数量，即确定开放参观的规模，从而作出相应的安排。如果只是少数几个人参观，可以陪同他们到几个部门去，并介绍情况，赠送资料和纪念品等；如果是较大规模的团体参观，最好制订一个计划，安排好接待次数、每次参观人数和开放时间等。一次接待 15 个人比较恰当。每天接待2~3次，有专人伴随进行讲解介绍，回答参观者所提出的问题。

知识链接

参观者主要包括

1. 目标公众：包括客户、经销商、消费者、原材料供应者、生产协作者、运输部门等。

2. 一般公众：包括社会团体、学校、文化单位、研究机构、社会各界代表、职工家属、社区居民等。

3. 股东公众：包括股东、证券商、证券专家和从业人员，证券主管部门等。

4. 党政部门：包括各级党政部门、主管部门、上级部门等。

5. 其他相关部门：包括银行、金融机构、保险公司、新闻媒介、司法部门、环保部门等。

6. 社会名流：包括专家学者、各类明星、新闻人物等。

7. 国外投资者、外国客商、观光者、新闻人物等。

8. 各类慈善组织和社会福利团体等。

（六）培训工作人员

从有开放参观的构想起一直到活动的结束，都应有高层主管人员参与其事。组织大型的参观活动，最好成立一个专门的活动筹备委员会，委员会成员应包括：企业领导、公关人员、行政和人事部门人员等。还要根据参观的不同目的，选择不同的人参加，如果参观的目的是强调服务或产品，还要请销售部门人员参加。

组织专门的接待人员和导游进行培训，让工作人员充分了解组织的情况，能够为参观者进行解答。还要对工作人员进行公关素质的训练，如演讲口才、接待礼仪等。

（七）做好宣传工作

要想使开放参观获得成功，最积极做好各种宣传工作。准备一份简单易懂的广告、产品或组织说明书、画册、纪念册或宣传材料，发给参观者，并配备有关的视听材料现场播放。

尽可能邀请新闻记者参加，并为他们的采访提供便利条件，借助新闻媒介来扩大影响。导游或公关人员的解说要简明扼要，也可配上图表、数字或模型等，增加形象性，方便参观者记忆。

（八）准备辅助设施和纪念品

辅助设施包括停车场、休息室、会议室、路标等，对特殊参观者提供相应服务，如轮椅、用餐等。另外还要准备象征组织的产品，代表组织形象的纪念品。

（九）做好接待服务工作

接待工作主要包含以下几项任务：一是制定总体接待方案，协调分配具体接待任务；二是礼仪工作，包括迎送、陪同、会见、纪念品赠送等；三是生活安排及其他服务，如安排住宿与餐饮，协助订购返程票务，物品托运等。整个参观活动中，对参观者应热情、周到、细致，处处体现对参观者的关心、尊重和友爱。

三、开放参观活动的效果评估

开放参观活动结束后，需要进行一系列的活动，来进行效果评估。如致函向参观者致谢，随发调查问卷；召开参观者代表座谈会；以此听取各方意见和建议，以便有利于改进日后管理。对产品的销量或组织知名度进行"参观活动前后"的统计比较，判断参观活动的在多大程度上取得成功。

四、组织开放参观活动的注意事项

为了使参观活动收到应有的公关效果，在组织活动时要注意以下事项：

要妥善安排参观活动的每一个细节，并做好各种应急准备，确保参观者安全，防止出现不必要的失误；

要恰如其分地介绍组织情况，注意组织保密工作。如果参观者提出任何要求，工作人员要先与有关管理人员或负责人商讨后再作答复，以免妨碍正常工作或发生意外问题。

要编制来宾名册，对参观者进行签到、留言，以便为事后统计做依据。

要适当掌控节奏，如果开放参观活动时间较长，要注意中间安排休息时间。

实践实训

【实训目标】

掌握开放参观活动的组织实施规范。

【实训内容】

假设新一届考生和家长来你校参观考察，请拟定开放参观方案（包括参观主题、内容、时间、路线等，准备宣传资料等）。推选几位同学分别扮演考生、考生家长、学校领导、接待人员、解说人员，演练开放参观活动的过程。

【实训步骤】

1. 分组模拟实训。
2. 各组进行总结和互评。
3. 教师进行点评。

任务五　新闻发布会

案例导入

"第五届国际矿泉节新闻发布会" 主持稿

女士们、先生们、朋友们：

大家上午好！

欢迎参加第五届国际矿泉节新闻发布会。今年的8月18日至9月8日，国际饮水资源保护组织、中国矿业联合会等八家单位在白山市联合主办第五届国际矿泉节。为借助各新闻媒体的作用和影响力，将矿泉节的相关信息及时向国外传递，吸引国内外宾朋和客商积极参与节会活动，提升矿泉城的影响力，将特色白山推向世界，为本届矿泉节的成功召开营造良好的舆论氛围，今天本届矿泉节组委会在这里隆重召开新闻发布会。

出席今天新闻发布会的领导同志有：本届矿泉节组委会主任、中国矿业联合会天然矿泉水专业委员会主任、国土资源部地质环境司司长姜建军先生，本届矿泉节组委会主任、执委会主任、白山市代市长先生，本届矿泉节执委会副主任、白山市委常委、常务副市长先生。

参加今天新闻发布会的媒体有：人民日报、新华社、中央人民广播电台、中央电视台、经济日报、光明日报、中国经济导报、中国绿色时报、中国青年报、旅游卫视等新闻单位。

首先我代表矿泉节组委会，并谨以第五届中国·白山国际矿泉节执委会的名义，对各媒体记者朋友们的到来，表示热烈的欢迎和衷心地感谢！

下面，请本届矿泉节组委会主任、执委会主任、白山市代市长先生作新闻发布。

（代市长作新闻发布）

下面，我们把时间交给在场的记者朋友们，欢迎大家提问。（记者提问，提请领导作答）

请中央电视台记者提问。（矿泉水有很多，请问白山市矿泉水有什么独特的性质？到底有多大的开发潜力？）

下面请本届矿泉节组委会主任、执委会主任、白山市代市长先生回答。

请记者提问。

下面请白山电视台记者提问。（白山市已经成功举办了四届矿泉节，请问举办矿泉节对白山经济发展会产生什么影响和作用？）

下面请本届矿泉节执委会副主任、白山市委常委、常务副市长先生回答。

请记者提问。

下面请香港凤凰卫视记者提问。（为什么白山能够发展矿泉水产业？建立国际矿泉城的优势是什么？）

……

请记者最后再提一个问题。请吉林日报记者提问。（白山市对长白山天然矿泉水资源保护采取了哪些有力措施？）

下面请本届矿泉节组委会主任、执委会主任、白山市代市长先生回答。

第五届中国·白山国际矿泉节新闻发布会到此结束。

欢迎各位朋友到白山做客！

祝大家身体健康，工作顺利！

谢谢大家！

【问题讨论】

召开"第五届国际矿泉节新闻发布会"的目的是什么？

知识平台

一、新闻发布会概述

新闻发布会是政府、企业、社会组织和个人把新闻机构的有关记者邀请来，宣布某一或某些重要信息，并让记者就此进行提问，然后由召集者回答的一种具有传播性质的特殊会议。

新闻发布会是一种两级传播，组织先将信息告知记者，再通过记者所属的大众传播媒介告知公众，它一般具有以下特点：

1. 权威性强　其形式比较正规、隆重，而且规格比较高，有极强的权威性。

2. 针对性强　新闻发布会上，答问是活动的主要形式，在活动中记者就自己感兴趣的话题进行提问，针对性强；同时，在提问中，记者们还可相互启发，能更深层地挖掘信息。

3. 较高的价值性　新闻发布会上宣布的信息都是重要的，且具有较高新闻价值，值得新闻媒介和广大公众广泛重视和报道。

4. 难度大、要求高　召开新闻发布会不仅成本高，而且占用组织者和与会记者的时间也较长，对组织发言人和主持人的要求较高，如发言人和主持人要求头脑清晰、思维敏捷、逻辑性和应变能力强，因此举办记者招待会与其他专题活动相比，难度较大。

5. 有利于感情交流　在新闻发布会上，主持人或主要发言人与记者进行面对面的交流，可就一些问题达成共识，加强了组织与新闻记者的相互沟通。

> **知识链接**
>
> 新闻发布会，也称记者招待会，其实严格来讲两者不太一样。新闻发布会侧重于发布新闻，如企业作出了某项重要的决策、研制生产了某种新产品或推出了某项对社会有重大影响的革新项目，若想通过大众媒介把这些信息广泛的传播出去。
>
> 记者招待会则有所不同，它不一定是有新闻发布，它的主要目的是和新闻媒介公众进行沟通。任何企业与社会各界公众的交往中，都会遇到很多错综复杂的问题，如本单位与外单位发生了法律纠纷，企业受到了社会舆论的谴责、受到了新闻媒体的公开指责、受到了某一其他社会组织的诬告等等。当这些问题发生之后，企业为了挽回影响并争取舆论界的支持，借助于新闻媒介传递真相、澄清事实，引导公众舆论，树立或维护形象，就有必要召开记者招待会。
>
> 召开新闻发布会可以达到两个目的：一是广泛传播有关本组织的重要信息，二是与新闻界保持一种密切的联系。

二、新闻发布会的组织实施

（一）会前筹备工作

1. 确定举行新闻发布会的必要性　在举行新闻发布会之前，必须对所要发布的信息是否重要、是否具有广泛传播的新闻价值及新闻发布的紧迫性与最佳时机等进行认真的研究分析。只有在确定了召开新闻发布会的必要性和可行性后，才可以决定召开新闻发布会。

般来说，社会组织举行新闻发布会的原因有：新开张；新产品的开发、生产与投放市场；组织重组上市；发生重大（或紧急）事件；受到公众和新闻界的公开批评；开展重大的社会公益活动；重要的人事变动；组织的重要庆典或纪念活动等。

2. 确定新闻发布会的主题　主题是新闻发布会的核心内容，因此在召开新闻发布会之前，必须确定会议的中心议题，然后整个活动都要围绕这个主题开展。主题要有较大的新闻价值，才能吸引记者；内容要单一、简明扼要；不要同时发布互不相干或关联不大的几个主题信息，以免分散媒介和公众的注意力。

> **知识链接**
>
> **制定新闻发布计划的程序**
>
> **1. 事由**　"无风不起浪"，制定计划总要有它的缘由：近期发生了什么大事或计划做什么大事？这个"大事"应当是与组织机构的发展有直接的重大关系的；或者发生在组织机构内，已经或将要波及社会；或者发生在社会，必然会影响到组织机构内部来。
>
> **2. 动议**　制定新闻发布计划的依据是有这方面的提议。要宣传"大事"可以通过新闻

发布会，也可以直接给报社写稿，还可以作广告。只有有了开新闻发布会的提议，计划程序才能开始。提议者可以是最高决策层，也可以是一个部门。普通的公关员也可以发出召开新闻发布会的"动议"。

3. 分析 是否进计划程序要过分析关。召开新闻发布会的"动议"是否合理？召开新闻发布会是否有必要？会产生什么影响？在当前形势下召开新闻发布会是否与整体传播规划相适应？有没有比新闻发布会更合适的形式？

4. 建议 公关员对是否举行新闻发布会和会议的格调向最高管理层提出建议。建议举行，理由是什么？确定什么样的主题？何时可以拿出具体的计划？反对举行新闻发布会理由是什么？是否需要替代的措施？

5. 核定 组织机构领导审阅上述建议，对是否举行、如何举行新闻发布会做最后审核。

6. 启动 如果领导批准举行新闻发布会，则启动计划程序，开始拟订计划。

3. 确定举行新闻发布会的时机与地点 举行新闻发布会，在时间选择上要注意：一是选择所要传播的信息最具有新闻价值的时候；二是尽量避开节假日和有重大社会活动的日子，以免记者不能来参加；三是控制整体时间在一个小时以内。

新闻发布会的地点一般安排在会议中心、专业新闻中心或大饭店的会议室，选择会场时要考虑：一是交通是否方便；二是会议地点环境要求安静不受干扰；三是要给记者创造各种方便采访的条件，如录像、灯光、视听辅助工具等，还要考虑会场的桌椅要舒适就座，尽量适合于记者记录、拍摄用等。

4. 确定邀请记者的范围 邀请哪些记者出席新闻发布会要根据所要发布的信息的重要性和影响程度来确定一个邀请的范围。从地域范围看，如果新闻内容仅限于本地，则以邀请当地新闻单位的记者出席为主；如果新闻内容涉及较为专门的业务，则以邀请专业性新闻单位记者出席为主；如果新闻内容涉及全国，则邀请全国性的新闻单位记者为主。从传媒范围看，应该邀请各种传播媒介的记者出席，既要有电台电视台的记者，也要有报纸杂志的记者，既要有文字记者，也要有摄影记者，以便使本组织发布的重要新闻在社会上形成立体传播的态势。

5. 选择发布会的主持人和发言人 由于记者的职业要求和思维习惯，他们一般在新闻发布会上提出一些深刻、尖锐而且可能棘手的问题，这就对新闻发布会的主持人与发言人提出了较高的要求。主持人和发言人除了具有较高的文化修养和专业水平，还要思维清晰、反应灵敏，具有很强的语言表达能力。

主持人一般由组织公共关系机构的负责人担任，首先介绍会议基本情况和议程，再由发言人做详细发言。新闻发言人一般由组织主要负责人或部门负责人担任，因为他们都熟悉本组织的总体状况及各项方针政策，发布的信息和回答的问题都具有权威性。无论主持人还是发言人，都代表组织的整体形象，因此其外表形象一定要事先设计，服饰仪表、言谈举止都应该给人以礼貌真诚的感受。如我国外交部发言人。

6. 准备发言提纲、报道提纲和辅助宣传材料 要组织熟悉情况的人成立专门的发言起草小组，全面收集有关资料、信息，写出准确、生动的发言稿供发言人参考。还可以写出报道提纲，在会上发给记者作为采访报道的参考。要特别注意发言稿和报道提纲的内容是否统一，防止会上口径不统一。为了成功举办新闻发布会，还应预先根据会议主题和内容备好宣传材料，可以是口头的、文字的、实物的、图标的等等，提供给与会记者，以便让记者对会议有比较多的了解。

7. 制定经费预算 经费预算可按记者招待会不同的规格和规模去进行制定，预算时应留有余地，以备急需，其经费预算一般包括：场租费、会场布置费用、印刷费、饮食费、礼品费、文书用具费、音响器材费、邮费、交通费、电话费、网费等。

8. 其他准备工作 布置会场，小型宴请的安排、培训接待人员和服务人员，安排会议记录、摄影摄像，组织记者实地参观的准备等。

（二）会中实施程序

1. 迎宾签到 在接待处设签到处，接待最好有组织的一个主要人物出面迎宾，一方面表示出主人的礼貌和会议的郑重，另一方面也可以通过问候寒暄加强接触了解，建立感情。

2. 发放资料 在会议正式开始前，要将准备好的资料有礼貌地分发下去，让记者对会议有一个粗略的了解，以便在发言人发布信息时对会议主题有更进一步的认识和理解。

3. 会议开始 由主持人说明召开会计的目的，所要发布的信息和有关情况的介绍、说明。

4. 发言人讲话 发言人就事件的内容做详细、准确的讲述。

5. 回答提问 新闻发言人要准确、流利地回答记者提出的问题，不要随便打断记者的提问，也不要以任何动作、表情对记者表示不满，以致记者会发表不利于组织的报道。

6. 会议结束 组织领导应站在出口处，笑脸相送，感谢记者光临，为以后合作打下良好的基础。或安排专人陪同记者参观考察，或安排茶话会、酒会，融洽和媒介的关系。

知识链接

新闻发布会中的注意事项

1. 主持人要充分发挥主持和组织作用，以庄重的言谈和感染力活跃会议气氛，引导记者踊跃提问。当记者的提问离开会议主题太远时，要善于巧妙地将话题引向主题。能够及时调节缓和会议出现的紧张空气，掌握好预定的会议时间而不要随意延长。对各个媒体的记者都一视同仁，不能厚此薄彼。

2. 对所发布的信息必须做到准备无误，若发现错误应及时予以纠正。对于不愿发表或透露的信息，应委婉地向记者做出解释，一般情况下记者会尊重组织者意见的。

3. 如果记者的提问带有很强的偏见或带有挑衅性，不能激动发怒，要表现出很有涵养，用冷静的态度和缓和的话陈述事实，予以纠正和反驳。遇到回答不了的问题，不能简单说"不知道"、"不清楚"、"我不能告诉你"等，应采取灵活而通情的办法给予回答，以免引起记者的反感。

（三）会后收尾工作（活动效果评估）

作为一项活动的完整过程，新闻发布会结束之后，要及时检验会议是否达到了预定的效果。会后工作主要有以下内容：

（1）尽快整理出新闻发布会的记录材料，对发布会的组织、布置、实施、主持和回答问题等方面的工作进行评估，总结经验，吸取教训，并将材料归档备查。

（2）对照会议签到簿，看与会记者是否发了与本次新闻发布会有关的稿件。搜集已经发表的新闻稿，进行归类分析，检查是否达到了举办新闻发布会的预定目标，是否由于工作失误造成消极影响。对检查出的问题，应分析原因，设法弥补损失。

（3）若出现不利于本组织的报道，应做出良好的应对策略。若出现不正确或歪曲事实的报道，应采取行动，说明真相，向新闻机构提出更正要求；若报道的虽然是正确事实，但不利于本组织，则应通过该报道的媒体向公众表示歉意，并续以改进的措施，以挽回企业声誉。

（4）收集与会记者及其他代表对会议的反应，检查招待会在接待、安排、提供方便等方面的工作是否有欠妥之处，以利改进今后工作。

目标检测

一、单项选择题

1. 公共关系专题活动是组织以（　　）为主题，有计划、有步骤地开展的各种各样有特定目的和内容的社会活动

    A. 公共关系   B. 庆典活动   C. 公共利益   D. 社会关系

2. 下列哪个时间最适合召开新闻发布会（　　）

    A. 周一上午 12 时   B. 周日晚上 8 点

    C. 周五下午 4 点   D. 周二上午 10 点

3. 从性质上看，可容纳多家不同产品进行同时展销的是（　　）

    A. 专项展销会   B. 综合性展销会   C. 大型展销会   D. 中型展销会

4. 公共关系专题活动中"表演"色彩最为浓厚的活动是（　　）

    A. 新闻发布会   B. 庆典活动   C. 展览会   D. 开放参观活动

5. 新闻发布会又称（　　）

    A. 信息发布会   B. 新闻聚会   C. 记者招待会   D. 宴会

二、多项选择题

1. 公共关系专题活动的作用主要有（　　）

    A. 制作新闻   B. 为促销服务   C. 联络感情

    D. 塑造形象   E. 挽回形象

2. 常见的典礼、仪式有（　　）

    A. 法定节日庆典   B. 某一组织的节日庆典

    C. 签字仪式   D. 受勋仪式

    E. 开业典礼

3. 庆典活动的一般程序是（　　）

    A. 典礼开始   B. 介绍来宾   C. 祝词与答词

D. 剪彩　　　　　　E. 答问

4. 展览会的特点是（　　　）。

    A. 高效性　　　　　B. 复合性　　　　　C. 综合性

    D. 新闻性　　　　　E. 双向性

5. 新闻发布会的主要发言人应该是（　　　）

    A. 当领导的　　　　B. 头脑机敏的　　　　C. 漂亮的

    D. 口齿清楚的　　　E. 具有较强口头表达能力的

三、简答题

1. 公共关系专题活动的一般组织程序包含哪几项？

2. 检测展览会效果的方法有哪些？

3. 如何做好举办记者招待会前的准备工作？

四、实训题

1. 某酒店开业前，对如何进行开业庆祝活动，酒店公关部进行了热烈的讨论。大家议论纷纷，出了不少点子，归纳起来有五种方案：

第一种方案，主张开业那天要把气氛搞得越热闹越好：鸣放礼炮，进行大型军乐演奏，请名演员登台献艺，大造声势，吸引各方民众。

第二种方案，主张除搞些演出活动外，关键还要请来省市领导，搞好剪彩仪式，请主要领导讲话，给予高度评价，产生轰动效应。

第三种方案，主张进行开业大酬宾，通过抽签选出幸运观众，进行500人的宴请品尝活动。这样既增强吸引力，扩大影响面，又使品尝者得到实惠，使之赞不绝口，将此次活动传为美谈。

第四种方案，主张举行隆重的开业典礼，播放喜庆音乐，请劳动模范剪彩，然后召开顾客与酒店领导座谈会，为酒店出谋划策，中午便餐招待。

第五种方案，主张召开简单的开业典礼，把省下的资金捐献给希望工程，请记者参加采访，形成材料，通过媒体传播产生广泛影响。

对以上策划方案，请你品评一下，你认为哪一种比较好？提出意见。也可以利用或创造条件，提出更好的方案。

2. 某公司由于产品的瑕疵问题收到消费者的投诉，公司紧急召开了新闻发布会。如果你是该公司公关部职员，并负责撰写新闻发布稿，你将怎样来写？（公关员中级操作技能国家题库）

项目五　公共关系的协调沟通

根据组织与沟通对象信息传递渠道的属性，公共关系的客体可以分为内部公众和外部公众。据此，公共关系协调沟通分为内部公共关系协调沟通和外部公共关系协调沟通。

任务一　内部公共关系的协调沟通

案例导入

惠普公司的用人公式

惠普公司是世界性的电子仪器公司，其业务范围遍布全球。惠普公司有两个著名的公式：

人才＝资本＋知识＝财富

博士＋车库＝公司

"博士＋车库＝公司"这个有趣的公式反映着惠普公司的历史。20世纪30年代，斯坦福大学的著名教授特曼为自己的博士研究生休利特和佩克德指出一条道路，那就是开创公司，把自己培养成企业家型的人才。特曼还借给他们一笔创业资金并为他们提供了一个汽车库作为厂房，于是惠普公司就这样诞生了。

惠普公司对人才的尊重，在另一个人才公式中得到了更充分的体现。早在20世纪40年代，休利特和佩克德就为公司定出了宗旨，不把公司办成"用人时雇佣，不用时解雇"的公司。20世纪70年代初的经济大萧条中，即使面临严重的市场萎缩，惠普公司也不任意裁人，而是采取了另一种方法，全体员工包括休利特减薪20%，同时工作量减少20%。就这样，惠普公司上下同心共渡难关，熬过了经济衰退的生存危机。

　　惠普公司实行弹性工作时间制度，存放电器和机器零件的实验设备仓库向全体员工开放，员工们可任意取用自己需要的东西。惠普公司还鼓励员工把零件拿回家中供个人使用。

　　惠普公司由于政策上对人才的尊重，其员工关系甚为融洽。在公司里，员工与上司之间的关系很轻松，彼此直呼其名。公司的管理人员常常到生产者、用户、销售人员身边与他们面谈。在惠普公司每周都有"咖啡聊天"，人们可以边喝咖啡边交换意见，这种非正式的与职工沟通的方式深受欢迎，公司里的许多问题就是在这种非正式的沟通中得到了解决。

【问题讨论】

惠普公司的内部公共关系包括哪些关系？他们是如何进行协调沟通的？

知识平台

　　内部公众关系是组织与内部横向成员和纵向成员公共关系的总称，包括员工关系和股东关系。内部公众既是组织信息传播的对象，又是组织实施对外公共关系活动的主要力量。内部公众与组织的关系，直接关系到组织形象的塑造，影响组织的生存和发展，它是组织所有公共关系的基础。

一、员工关系

（一）员工关系的特点

员工关系是指组织内各部门及其员工相互间的关系，包括组织内上下级之间的关系，部门、科室、班组之间的关系，员工个人之间的关系。员工是一类特殊公众，其特殊性表现在以下两个方面。

（1）员工是组织的构成主体。组织存在的价值及发展目标首先必须得到员工的理解、认可，依靠他们才能付诸实施。

（2）员工是组织最重要、最为直接的公众，每一员工都处在组织对外公共关系的第一线，是组织与外界接触的触角，其一言一行都代表组织形象。

　　因此，公共关系首先必须团结自己的员工，建立良好的员工关系，培养员工对组织的认同感、归属感、向心力，依靠员工在公共关系的前沿阵地发挥作用。

（二）员工关系的协调方法

1. 培养并形成良好的价值观念，引导和控制员工的行为　员工的价值观念是决定组织兴衰成败的根本问题，良好的价值观念是组织内部凝聚力的核心。每一个社会组织都必须有一个基本信念和目标宗旨，以维系和激励全体员工，充分调动他们的积极性和创造性。良好的价值观念赋予内部员工的日常工作以崇高的意义。人们总是希望在自己的业务岗位上获得归属感和荣誉感，希望以自己的才干和成就赢得他人和社会的承认与尊敬。良好的价值观念为广大员工提供了日常行动的指南，能使他们把日常工作与高层次的价值目标联系起来，超脱低层次需要的狭隘眼光，获得精神动力。

2. 了解和尊重员工的需要，理解并尽力满足不同需求 激励理论告诉我们，个体行为的规律是：需要引起动机，动机支配行为，行为指向目标，当一种目标得到满足后又会产生新的需要、动机、行为，需要是人的行为的直接动力。因此，公共关系人员应认真了解员工的需要，尤其是员工在一定条件下最为迫切的需要，并尽可能地满足它。大量调查表明，员工对组织的期望和要求主要表现如下：

（1）工资报酬 现代社会对相当多的人来说劳动仍然是其谋生的手段，即使是高收入阶层。因我国在相当多人的观念中，收入的多少是衡量其能力大小的标准，因此金钱的需要仍然是第一位的需要。员工希望得到公平的待遇和合理的劳动报酬，这是员工的普遍需求。

（2）工作环境 员工在工作中都希望有一个安全、可靠、优美、舒适的环境，这对提高员工的工作热情和劳动积极性会起到积极作用。

（3）民主管理 参与管理是现代人的普遍需要，一个组织实行政治民主、决策民主、财务民主、生活民主的管理制度，就从制度上确认了员工的主人翁地位。组织的一切重大决策要经过员工代表大会讨论或广泛听取员工的意见，让员工参与管理，充分发挥员工的主人翁精神。

（4）员工的培训和发展 现代社会，知识更新速度快，一个人只有不断学习才能跟上时代的潮流，许多员工已开始关心自己在组织是否有接受培训、不断学习新知识的机会，甚至把此作为选择工作的一个重要条件。因此组织必须重视员工的培训，制定出相应的员工培训计划，吸引和留住人才。追求自我价值实现是人的最高层次需要，工作是否富有挑战性、是否能施展自己的才干、实现自己的理想，这是现代人非常重视的需要，因此组织应给员工提供有挑战性的工作，为员工的成长发展创造条件和机会，帮助员工设计其职业生涯，实现其理想与追求。

3. 建立正常的沟通渠道 公共关系部门一方面要发挥组织内部媒介（如本单位的报纸、刊物、广播、闭路电视、板报、宣传栏、职工手册等）的作用，让员工了解组织的政策和发展规划，增强管理的透明度，进而增强员工对管理者的信任感。另一方面，要通过职工代表大会、"对话会"、意见箱、民意测验等形式，给员工发表意见、发泄情绪的机会。要重视收集和采纳员工的合理化建议，吸引员工参与管理，增强他们的责任感。

4. 开展各种联谊活动 联谊活动包括庆典、文艺演出、舞会、文体活动、技能比赛、旅游参观等等，有的企业还在员工生日时赠送蛋糕等。这些方式，对于组织与员工以及员工之间联络感情、调节精神生活、扩大交往，具有积极的作用，能给不同的员工以展示特长、才能的机会，是培养企业精神、形成企业文化的主要途径。

5. 建议领导改进工作作风 领导既是员工的一分子，又是组织的代表。领导要深入员工，关心员工的福利待遇，在尽可能的情况下为员工生活排忧解难。对员工住房、上下班交通、子女抚养教育以及图书阅览、文体活动场所设施等问题、要尽力设法解决，以减轻员工家庭负担，使他们在工作时专心致志，没有后顾之忧，在工作之外能得到休息娱乐，感受到组织的温暖。

二、股东关系

（一）股东关系包含的对象

股东，即企业的投资者。股东关系也称为金融公共关系或财务公共关系。股东关系一般包含：一是董事会，由股东选举出来，代表股东管理企业；二是持有股票的个人股东，不直接参与企业经营，但关心企业盈利状况；三是股东与员工的结合体，即员工购买本企业的股票；四是集体性股东，他们是通过国有（或集体）企业之间横向联合或集资产生的股东；五是中外合资股东。

（二）股东关系的协调方法

1. 激发股东的主人意识　一般来说，投资者通过购买和保存企业的股份，表现了他们对企业的信心和信任，因此，要特别注意和尊重股东的这种感情，鼓励股东关心企业的活动，使股东感受到他们的利益与企业利益是紧密联系在一起的，激发他们的主人意识，促使他们保持对企业的投资兴趣。

2. 让股东成为推销伙伴　股东购买股票，不仅表现出他们对企业的信心和信任，还表现出他们对企业的感情，因此，股东也可能成为企业的顾客群，成为企业的推销伙伴。所以，应该鼓励和吸引股东参与企业的生产与销售活动，充分利用他们的社会关系扩大企业的销售网络。有不少企业已经在注重股东的推销作用，每当新品推出，便会给股东寄送产品样品，一方面让股东有机会优先试用企业产品，感受产品的"VIP"服务，另一方面可以通过股东的关系网络为企业争取更多的客户。

3. 与股东保持有效沟通　要与股东建立良好的关系，关键在于保持有效的沟通。沟通的内容主要有：一方面定期向股东报告企业的经营状况和信息，如企业的重大决策、经营策略、人事调整、新产品开发试用、资金流动状况、分配政策、盈利预测等，让股东能够看到企业的发展前景；另一方面要及时收集股东的情况，以及他们对企业的意见和建议，对产品和服务的评价，投资兴趣等并及时反馈给决策部门，作为企业经营和公关工作的依据。

在有效沟通方式里面，企业公关人员通常采用以下沟通方式。

（1）年度报告　年度报告包括财务状况、生产和销售水平、人事安排、工会组织、劳资关系等方面的内容。国外的年度报告还包括分析国际市场机会，产品与社会问题的关系分析，如空气和水的污染等，有的年度报告还会向股东传递管理者对公共事务的观点和看法。

（2）股东大会　股东大会是一种面对面交流的沟通方式，是由总经理、董事、股东代表、各部部长参加，一起研究公司的情况，制定修改长期规划、巨额投资、新产品开发、投放市场时间、价格、设备投资等问题的年度会议。通过股东会议，企业与股东进行直接接触，信息沟通迅速准确。但是，一般股东大会也只有离得较近的或者持股数量大的股东才能参加，所以企业的决策往往不能全面反映所有股东的意愿。

（3）信函　有些公司和企业从股东购买股票开始，就发出欢迎信与之建立联系。美国通用汽车公司就经常采用通信的方式争取股东的支持，每位新股东都会收到董事长的欢迎信，信中列举公司的主要产品，敬请股东多多关照。

（4）调查表　为了及时收集股东的意见和建议，有的企业采用发放调查表的方式来进行沟通，以便企业决策者在做出重大事项决策的时候心中有数。

任务二　外部公共关系的协调沟通

案例导入

35 个紧急电话

　　美国女记者基泰斯到日本东京的奥达克余百货公司，准备买一台索尼牌唱机送给东京的婆婆。售货员为她挑选了一台未启封包装的唱机，基泰斯满意离去。但当她回到住所开箱试机时，却发现电唱机没有装内件，根本无法使用。基泰斯十分恼怒，准备第二天一早便去交涉，还写了一份新闻稿：《笑脸背后的真面目》。第二天，基泰斯正准备出门，来了两个自称是奥达克余百货公司的副总经理和职员的人。两人一进客厅便俯首鞠躬，表示歉意。副总经理亲手送上一台新的完好唱机，另附一张著名唱片和一盒蛋糕，随后，副总经理打开记事簿，向她说明了事情经过。当天下午，公司售货员清点商品时，发现错将一台空心货样卖给了顾客，立即上报了此事，经理得知后非常重视，马上召集有关人员商议。当时只有顾客的名字和一张标有"美国快递公司"的名片，根据这两条线索，奥达克余百货公司展开了一连串大海捞针式的行动，打了32个紧急电话向东京各大饭店查询，都没有结果。于是又打电话给纽约的美国快递公司总部，查到顾客家和其父母家里的电话，从父母那里得知了顾客在东京的住所。并在第二天一早带着货物和礼品亲自上门道歉。这一切让基泰斯深受感动，她立即重写了新闻稿，题目叫《35个紧急电话》，高度赞扬奥达克余百货公司的行为。

　　作为世界性的公关范例，奥达克余不只留下了"35个紧急电话"的美谈，也给人们留下了有益的启示。有数据表明，一个满意的顾客会把他的满意经历平均告诉3个人，一个不满意的顾客会把他的不满经历平均告诉10个人。顾客关系出现矛盾不可怕，可怕的是不能及时解决矛盾。

【问题讨论】

奥达克余百货公司处理外部公共关系事件的做法值得借鉴的有几点？

知识平台

　　外部公众关系是组织与其外部各方面关系的总称，主要包括有顾客关系、媒介关系、政府关系、社区关系等。根据公众与组织的利益关系状况，外部公众可以分为非公众（目前无相互关系的）、潜在公众（将来有可能与组织发生利益关系）、知晓公众（已经在关注组织行为效应）、行动公众（已经与组织发生利益关系）等四类；根据公众对组织的重要程度，外部公众还可以分为首要公众、次要公众和边缘公众。随着公共关系的进行，公众的属类在一定条件下会出现变化互换，社会组织应根据不同阶段的发展需要，及时调整公关策略，建立良好的外部公众关系，促进组织生存发展。

一、顾客关系

（一）顾客关系的定义

顾客既指市场上生活资料、生产资料这类物质产品的消费者，也包括精神产品的消费者。

对于不同类型的社会组织来讲，其顾客可能是一类或一个组织，也可能是零散的个人。顾客是与组织联系最为密切和广泛的一类公众，任何社会组织的效益都是经由顾客的消费来实现的。

顾客关系是指各种产品的生产者、供应者与购买者、消费者之间广泛的外部联系。顾客关系是组织外部公共关系中最重要的一种关系。随着商品生产的不断发展，市场竞争日益加剧，顾客对商品和服务的选择意识逐渐增强，选择机会越来越多，这就需要社会组织加倍重视与顾客保持良好的关系。

（二）顾客关系的协调方法

1. 树立顾客第一的观念 "顾客第一""用户至上"，这是市场经济条件下不可动摇的经营管理思想，也是处理顾客关系基本的和首要的原则，它应当贯穿于社会组织生产、销售或服务的全过程。在现代社会中，尊重顾客而获成功，冷淡顾客而遭遇失败的事例比比皆是。即使是生产精神产品的组织，如果不去研究顾客的心理，不能适应社会需求，也会出现无人问津的窘迫局面。

公共关系部门应当通过各种形式教育内部员工，切实树立"顾客就是上帝"的观念。公共关系人员要熟悉产品设计、生产、销售或服务过程，防止其中可能出现的对顾客不负责任的情况。对出现的问题，要采取积极措施，挽回已造成的不良影响。即使处在产品供不应求、门庭若市时，也仍须强调并实施优质服务。

2. 提高产品信誉和企业信誉 优良的产品是搞好顾客关系的物质基础。没有适合消费者需要的优质产品，就不可能有稳固、良好的顾客关系。生产或兜售假冒伪劣产品，不仅损害顾客利益，而且会带来一系列不良影响，最终也损害了组织自身的利益。在这一方面，公共关系部门的责任是：实事求是地向公众告知产品质量存在的问题，以诚实的态度赢得顾客的信任；根据市场需求和消费者反馈的信息，建议组织提供适销对路、质优价廉的产品和服务；通过各种活动把产品信誉发展为整个组织的信誉，从创造名牌产品上升到创造名牌企业，使组织的形象和产品的名称在顾客心目中留下美好而深刻的印象。

知 识 链 接

顾客关系的有效协调

某商场化妆品柜台售货员和一顾客发生纠纷，争吵激烈，引来无数围观者。作为商场管理人员，如何控制场面，化解矛盾？

实务分析：顾客纠纷到处可见，时常在我们的身边发生，但是我们往往会看到，不正确的协调方式会引起更大的纠纷。实务程序：第一步，控制场面，解散围观人群；第二步，了解顾客的想法，充分尊重顾客，认真做一个听者；第三步分析顾客心理，投其所好，给顾客适当优惠。

> 实务说明：尽量冷处理，不要在顾客情绪激动时试图说服顾客，或者与顾客辩论。做一个真诚的倾听者很重要。

3. 加强与顾客的信息交流　一方面，组织应通过各种途径及时向顾客传播有关信息，例如：方针政策、经营状况、产品性能、规格、价格，产品使用方法及销售方式，销售及售后服务方法等信息，传播组织信息可借助于大众传播媒介和人际传播媒介；另一方面，要收集顾客的信息，组织可通过来访接待、顾客访问、电话征询、顾客座谈、问卷调查等途径，收集顾客年龄、性别、职业、爱好等信息，了解顾客对产品品种、质量、价格、服务等的要求，针对顾客需要提供产品和服务，根据顾客意见和建议不断改进工作。

4. 及时处理投诉和建议　优质服务不只表现在顾客购买产品时热情周到上，而且表现在产品销售出去以后的一系列服务上，如负责修理和退换货物，设立维修点，保证零配件供应，代办运输、安装及处理投诉和建议等。这种始终如一的完善服务是搞好顾客关系的重要保证。处理顾客的投诉和建议，是公共关系部门的一项经常性任务。出现任何投诉或纠纷，公共关系人员都必须迅速答复和处理，以稳定顾客，缩小影响。要诚恳地向顾客赔礼道歉，委婉而公正地进行解释和处理，尽可能消除隔阂与矛盾。公共关系人员要能够做到"以德报怨""代人受过"，才能更好地处理投诉或纠纷的工作；而如果稍有疏忽，有可能使矛盾激化，波及全局。

5. 维护顾客正当合法的权益　维护顾客正当合法权益是处理顾客关系应遵循的一条基本规则。由于消费者与生产者之间存在利益的差别和矛盾，一些社会组织为了获得高额利润而不择手段，以次充好、以假乱真、坑蒙拐骗等现象时有发生，使消费者利益受到严重损害。根据消费者权益保护法，消费者的权益主要有：①在购买、使用商品和接受服务时享有人身、财产安全不受损害的权利；②知悉其购买、使用商品或接受服务的真实情况的权利；③自主选择商品或服务的权利；④公平交易的权利；⑤因购买、使用商品或接受服务受到人身财产损害的，享有依法获得赔偿的权利；⑥成立维护自身合法权益的社会团体的权利；⑦获得有关消费和消费者权益保护方面知识的权利；⑧享有其人格尊严、民族风俗习惯得到尊重的权利；⑨享有对商品或服务及保护消费者权益工作进行监督的权利。

消费者的权益也是经营者应尽的义务，因此社会组织要建立良好的顾客关系，就必须熟悉保护消费者权益的有关法律、法规，在日常的生产、经营活动中自觉维护消费者正当合法权益。

二、媒介关系

（一）媒介关系定义与重要性

媒介关系又称新闻界关系，是指组织与各种新闻媒介的关系。包括组织与非人格化的新闻机构（如电视台、广播电台、报社、杂志社等）的关系；组织与新闻工作人员（如记者、编辑等）的关系。

媒介公众是组织公共关系对象中最敏感、最重要的一部分，其重要性表现如下。

1. 新闻界公众是一类特殊公众 一方面，它是组织与公众实现广泛交流、沟通的必经渠道，具有工具性；另一方面，它是公共关系人员必须特别重视的公众，具有对象性。在实行三权分立的西方社会，人们把新闻界称为"第四权力"，把立法、行政、司法、舆论称为"四权鼎立"，可见，新闻界在社会政治、文化、经济乃至日常生活中的重要地位。

2. 新闻媒介是影响公众舆论的重要环节 新闻机构和人员是社会信息流通的"把关人"，他们决定着社会信息的流向和流量，确定公众舆论的中心议题，能够赋予被传者特殊的、重要的地位。如果某条消息被报纸刊登为头版、头条报道、连载，电视在黄金时间播放，其社会影响更大。与新闻界建立良好关系，能够使组织信息较顺利地通过传播渠道与公众见面，达到引起公众的注意、树立良好组织形象的目的。

3. 新闻界能帮助提高组织公关工作的效率 现代大众传播工具具有高速、准确、大范围、远距离的特点，利用大众传播媒介能实现远距离、大范围、高速度的信息沟通，极大地提高组织公共关系工作的效率。

（二）媒介关系的协调方法

新闻界公众并不是高不可攀、神秘莫测的公众，新闻界工作与公共关系工作有许多相似之处。首先，新闻界人士与公共关系人员具有"角色"上的相似性，双方都充当一种"中介人"角色。公共关系人员是组织与公众联系的中介人，新闻界是传播者与受传者之间的中介人。公共关系人员是组织的喉舌和耳目，新闻界人士则是政府、有关团体及人民大众的喉舌和耳目，由于角色一致，双方有共同语言。其次，公共关系工作与新闻界工作相辅相成。公共关系工作需要运用大众传播手段形成有利的社会舆论，才能塑造组织形象，而新闻界也只有与社会各界建立广泛联系，才可能保证新闻来源渠道的畅通。由此可见，公关界与新闻界是相互需要、相互协作的，公共关系人员完全有条件、有可能建立与新闻界良好的关系。

建立与新闻界的公共关系可参考以下方法。

1. 了解和熟悉媒介 了解和熟悉新闻媒介，可以从直观上了解报纸的内容、版面栏目，了解广播和电视的节目内容、编排特点，也可以对报社、杂志社、印刷厂、广播电台、电视台进行访问。以下几个方面，是公共关系人员必须了解的：

（1）编辑方针 指编辑人员对各类信息进行筛选、删减所依据的原则和指导思想。

（2）周期 如报纸有日报、周报、周二周三报、旬报、双周报等，杂志则有周刊、半月刊、月刊、双月刊、季刊等。广播和电视的专题节目，报纸的一些固定栏目、副刊也有一定的周期。

（3）截稿时间 指什么时候是把稿件送去的最晚时间。

（4）制作方法 指报纸、杂志的印制方法和技术，对文稿字数、照片尺寸等的要求，广播、电视对文稿的要求，对录音录像带尺寸、时间长度的要求等。

（5）传播范围 指媒介所面对的主要公众是国际性的、全国性的，还是地区性的，报纸、杂志的发行量有多大，广播、电视的收听率、收视率是多少。

（6）受众剖析 指读者、听众、观众的年龄、性别、职业、文化水平、爱好以及对该特定媒介的关注程度。

（7）分销方法 指报纸、杂志传送到读者手中是通过征订、零售，还是内部发行、免费赠送等。

2. 树立为媒介服务的观点　社会组织希望新闻界能经常播发有关本组织的报道，而新闻界又把社会组织看作获取新闻报道材料的重要渠道。因此，公共关系部门必须根据对不同媒介的了解和公共关系传播目标，经常撰写、拍摄有新闻价值的稿件，向各类媒介提供新闻信息，或者提供有关消息供新闻机构选用。

3. 建立真实可靠的信誉　公共关系人员向新闻媒介提供的材料必须真实可靠，能够获得媒介的信任。这样，当需要有关方面的材料时，新闻界也会主动找上门。礼貌接待新闻人士的来访。不应蓄意掩盖或隐瞒坏消息，阻挠记者采访。

4. 主动邀请新闻界人士参观　通过参观，记者可了解组织的各方面情况，既为记者作新闻报道提供素材，又可给组织创造新闻宣传的机会。

5. 建立良好的个人关系　若要新闻界对组织有好感，平常要与新闻界保持经常联系。公共关系人员在与新闻界人士交往时，要真诚坦率，热情尊重，彬彬有礼。对各种媒介要一视同仁，对大报小报、有名望和无名望的记者要平等对待，尤其是对报道本组织工作成就和报道本组织工作失误的记者要同样热情支持。对记者遇到的困难要全力帮助，要以自己得力的工作、出色的能力和素质给对方留下深刻的印象。

6. 提升社会美誉度　适当给新闻界提供经济、物质等方面的资助，增强组织在新闻界心目中的美誉度。新闻界举办活动，需要社会组织的支持，组织出面提供赞助，可提高其知名度。当新闻界发表了有利于组织的消息时，应主动表示感谢；发表了不利于组织的消息时，如属实，应主动致歉，争取新闻界把改进工作的情况公之于众，恢复组织形象；如不符合事实，则应直接向新闻单位提供证明材料，澄清事实，但不能持敌对态度，更不能轻易诉诸法律。

三、政府关系

（一）政府关系的特殊意义

政府是国家权力的执行机关，是国家对社会进行统一管理的权力机构，任何一个组织作为社会的一分子，都必须服从政府的统一管理，也就必然存在政府关系。

政府关系是社会组织与各级政府机构之间的关系。包括行政机构关系，如组织与计划、人事、劳动、环保等部门的关系；财政金融机构关系，如组织与金融管理机构、税务、审计等部门的关系；法律关系，如组织与公安、检察、法院等单位关系三大类。这些机构能够运用经济手段、法律手段或行政手段，从不同方面对社会组织的活动进行宏观指导和控制。

政府作为公众具有不同于其他一般公众的特殊性，因此处理政府关系具有以下特殊意义。

（1）政府是一种社会制度，是国家政权、阶级意志、社会意识的表现工具。

（2）政府机构具有组织、领导国家建设、管理整个社会和国家的职能。任何组织都间接或直接地服从中央和各级地方政府的领导，组织的活动或发展计划应与政府的宏观目标相适应，以取得政府对组织活动的支持。政府可通过经济、法律、行政等手段，干预社会组织的活动，以确保国家建设的顺利进行。

（3）政府是一个信息中心。中央和地方各级人民政府都设有负责收集社会各种政治、经济、文花等方面信息、统计数据的机构，可为社会组织进行发展分析、市场调研等提供可靠的信息资源。

（4）政府是一个重要的资金来源。政府与各种组织存在财政、税收关系，国家财政采取免税、减税、退税、无偿财政拨款、优惠贷款等方式，支持和扶持某些行业的发展。如果组织能争取到政府在资金和税收方面的支持，对组织的发展非常有利。

（5）政府有时还是重要的客户。经济组织如果能争取到政府采购、指令性收购，可获得稳定的销路和销量。

正因为政府关系具有特殊性，因此组织在开展活动时，必须认真处理好与政府的关系。

（二）政府关系的协调方法

1. 熟悉政府颁布的有关政策、法规，接受宏观的控制和指导　目前，政府对组织的行政干预减少，主要通过政策、法律来管理社会组织，组织的一切活动都必须在国家政策、法律允许的范围内进行。因此，公共关系部门要帮助组织决策层及时、全面、准确地熟悉了解国家与地方相关法令、法规、方针、政策，并把近期的政治、经济发展态势及有关信息传递给决策者。此外，政策相对于法律来说灵活性、变通性大，熟知政策，才能灵活运用，并最大限度地使组织受惠。公共关系部门要教育组织的有关部门和人员，对各主管部门行使职权所做的工作，给予积极的理解与配合，其中包括提供各种便利条件，做好必要的接待工作等。

2. 熟悉政府机构的组织结构及其职能　政府机构上至国务院、省、地、市政府，下到街道办事处，其层次各不同，有的是组织的直接领导，有的是间接领导。组织与政府日常打交道的主要对象是其主管部门或一些相关的具体职能部门，而并不需与所有政府部门打交道。熟悉政府机构的内部分工、工作范围、办事程序，并与有关部门的工作人员保持应有的联系，可减少"公文旅行""踢皮球"现象，提高办事效率。

3. 及时主动提供信息　组织在经营活动中要主动向各主管部门提供信息，通报情况。如向统计部门提供准确的经济活动数据，向审计部门提供各项资金的流动情况，向财政、税务部门上报盈亏情况，照章纳税等。此外，有新发明的产品，要及时申请专利，对产品商标、组织名称要及时注册，对涉及组织的违法事件、经济纠纷，也要及时上报有关部门。

4. 建立与政府官员之间的经常联系　公共关系人员应把握一切有利时机，加强与政府部门的联系，如邀请政府官员出席新工厂落成典礼、开工典礼、奠基仪式、周年庆典等纪念活动，扩大组织在政府部门的影响，增进政府对组织的了解。

5. 协调组织利益与国家利益的关系　因政府公众的特殊性，组织目标必须服从国家整体发展目标，组织利益必须服从国家利益。公共关系人员是组织与政府之间的中介人，要善于协调组织利益与国家利益的关系，在不影响国家利益的前提下，尽可能争取组织利益，而组织利益与国家利益发生冲突时，则应顾全大局，维护国家利益。

6. 各项业务活动要遵纪守法　组织举办推销、订货、广告、赞助等活动，其经费开支都要遵守有关财政制度和规定，严格履行会计手续。绝不能用吃喝贿赂等不正当手段吸引顾客，或让政府公务人员做出有利于本组织而损害国家整体利益的决策。

案例链接

降低心中的分贝

英国伦敦的巴比肯会议和展览中心历时 11 年修建完毕，其管理层在协调和处理与各方面关系的做法尤其为人所称道。巴比肯中心开始动工的时候，周围的居民抱怨：工程期过长；必须忍受建筑施工所引起的所有嘈杂、灰尘和各种不便。

巴比肯中心管理层接受了其公关顾问毛斯的建议，做了以下公关工作：

1. 帮助受影响最严重的居民减低房租。

2. 定期召开会议，向所有居民通报工程进展状况。

3. 设置咨询机构，回答居民提出的问题并记录居民意见和建议，及时反馈至管理层。

4. 按照政府政策，把房屋和公寓以优惠价格卖给现住、租用户。

巴比肯中心的以上措施大大减轻了周围居民的敌对情绪，并且给他们的不满情绪提供了发泄渠道。这样，工程计划在其达 11 年的实施过程中没有受到居民的阻挠（这种抵制可能影响政府对项目的支持），从而确保了工程的顺利完成。

四、社区关系

（一）社区关系的含义

社区是指人们共同活动的一定区域，如村庄、城镇、街道等，构成社区的基本单位包括生活于社区的居民家庭、各种社会组织、地方政府等。

社区关系是指组织与所在地方政府、社会团体、单位、居民之间的睦邻关系。任何组织都生存于一定的社区之中。其组织的活动和员工的生活与社区有着千丝万缕的联系。组织的生存发展依赖于社区内的各种公共利益部门，如社区内的商店、学校、医院、文化娱乐场所等。社区是组织新劳动力的重要来源，雇佣当地员工，可减少住宿等费用，加深扩大与社区居民的联系；社区还是组织最稳定的顾客和消费者。可见，建立良好社区关系，争取社区公众的理解、支持与合作，对于组织的生存和发展、员工的生活具有重要意义。

（二）社区关系的协调方法

建立良好的社区关系，是公共关系部门的基本任务和重要职责。必须树立这样的观念：不管组织的规模多大，效益多高，都是社区的一员，都应服从社区的管辖，做社区中遵纪守法的"公民"，而不能做危害社区其他成员的事情，组织的利益要服从社区的整体利益。此外，公共关系部门可以通过下列活动方式同所在社区的成员沟通，以争取公众的兴趣、支持和喜爱。

案例链接

如何赢得村民支持

陕西某工程机械厂与某村相邻。有一段时间，村民中常有人进厂窃取财物，有时还聚众闹事，给工厂造成较大危害。后来该厂对这种情况作了调查分析，决定帮助村民脱贫。厂方在村民中招聘临时工，为村民建起文化室，赠送书籍、电视机、桌椅等。工厂和村民的关系变得融洽了，村民增加了收入，工厂经营也得到了促进。一天晚上，天下着雨，该厂有一列车煤运到，铁路方面要求立即卸货。村民知道后，一下来了100余名壮劳力，冒雨卸完煤炭，使工厂避免了损失。

1. 通过新闻宣传、邀请社区公众参观组织、参加组织庆典、印制专门的小册子等方式，向社区公众介绍组织的经营宗旨、历史、现状及其为社区做出的贡献等方面情况，加深社区公众对组织的了解。

2. 保持与社区地方政府、民间团体、其他组织的联系。

3. 收集社区的各种情报资料，了解社区的活动情况及社区公众对组织的态度、意见，及时发现存在的问题，消除社区公众对组织的不满和误解；积极参与社区的各项活动，通过参加活动建立与社区公众的感情。

4. 提供人、财、物全力支持社区的公益事业。如赞助社区文化、体育活动；资助养老院、残疾人基金会等社会福利机构的活动；资助社区办学，发展社区教育事业等。

5. 向社区居民开放组织的服务设施和娱乐设施。如图书馆、澡堂、体育场地、电影院、舞厅等。

6. 协助当地政府解决人口就业问题。

7. 当社区发生天灾人祸等意外事故时，积极为社区排忧解难。如某公司成立日夜电话服务小组，为社区无报酬地提供抢险救灾、生活救助等活动。

8. 鼓励员工及其家属与社区建立广泛的外部联系，增进组织与社区公众感情。

活动设计

顾客纠纷的有效处理

背景资料

某日有一位顾客去某饭店吃饭，点了一道常见菜，服务员却告知该顾客酒店没有原料，建议换菜。顾客听了大发雷霆，坚持要酒店把这道菜做出来。作为酒店管理人员如何处理？

【活动要求】

1. 学生分组角色扮演，要求逼真，融入相应的角色和气氛中。

2. 学生分析讨论各组模拟实践的效果，评选一名最佳表演奖和优秀管理者。

【操作步骤】

1. 由教师引导学生进入模拟情境。

2. 指定一名学生为活动场景录像，供学生回放参考比较。

建筑单位的苦恼

背景资料

据报道，××市某建筑工地昼夜施工，深夜施工时大功率照明灯亮如白昼，施工噪音在夜深人静之时也显得特别响亮，严重地打扰了周围居民的正常休息，主管部门一再接到投诉，新闻单位同样接到许多投诉。广州羊城铁路总公司家属区附近，也有一所高层建设在昼夜施工，其光线和噪音污染，搅得铁路职工昼夜难眠。然而，当新闻单位带着问题找到建筑单位时，却无一例外地听到建筑单位的诉苦："工期在那儿赶着不说，周围的居民还老来找碴儿。"上海一个工地负责人说："他们随便找个理由，就把路给你堵死，要不就众人坐在工地进出口不让车辆进出。"一时之间，各地的"建筑扰民"和"民扰建筑"似乎成为"公婆各有理"的扯皮事。

【活动内容】

1. 参考背景资料，为建筑单位拟一份协调社区关系的方案。
2. 以小组为单位讨论方案，派小组代表上台发言。

【操作步骤】

1. 能供小组讨论的实训室。
2. 5~6人为一组，进行讨论并撰写方案。

任务三　公共关系沟通实务

案例导入

一位牧师问一个长老："我可以在祈祷时吸烟吗？"他的请求遭到了长老的严厉拒绝，并且受到了相应的警告。而另一位牧师去问同一位长老时说："我可以在吸烟时祈祷吗？"却得到了长老的允许和称赞。

【问题讨论】

两位牧师发问的目的和内容完全相同，为什么得到的结果却全然不同？原因就在于他们语言的表达方式不同。德国诗人海涅说："语言之力，大到可以从坟墓唤醒死人，可以把生者活埋，把侏儒变成巨无霸，把巨无霸彻底打倒"。古今中外，多少能言善辩之士或口若悬河，力挽狂澜；或款款细语，挥洒自如；或坦率直言，语惊四座；或婉转含蓄，妙语生花。将精妙的语言与敏捷的智慧融合在一起，往往能取得意想不到的效果。

知识平台

沟通是指人与人之间的信息传递和交流，目的是为了互相了解，协调一致，心理兼容。公共关系沟通可分为语言沟通和非语言沟通两种方式。

一、语言沟通的属类与技巧

《论语》有言"言之不文，行之不远"，可见语言沟通的效果对公共关系的影响有多么重要。语言沟通技巧包括语言表达技巧、说服技巧、拒绝与被拒绝技巧、倾听技巧以及克服沟通障碍技巧等。

（一）语言表达技巧

1. 重视口语表达　要求发音准确，口齿清晰，语调悦耳；内容和观点要实在明确，用词要妥当贴切，语句完整，句式有变化；能符合不同社会交际场合的要求。

2. 巧妙说服与拒绝　当发现沟通对方不接受、不同意己方的观点时，要耐心、巧妙地说服对方；当沟通对象的要求不切合实际、超出己方能力时，要做到果断拒绝又不使双方陷入尴尬境地。

（1）说服的技巧

①讲清利弊。要诚恳地向对方说明，如果接受了某个意见会有什么利弊得失。既要讲明接受该意见后双方将会得到什么样的益处，也要讲明双方的损失是什么。这样会使对方感到你处理问题是客观公正、合情合理的，接受起来也就心悦诚服了。

②先易后难。在说服的顺序上要先易后难，即先讨论容易解决的问题，然后再讨论容易引起争论的问题。这样，由于在简单的问题上已经取得了一定的共识和利益，便会把已有的利益同正在讨论的问题联系起来。从而使说服工作变得更容易进行。

③选准时机。在对方情绪激动、不稳定或在对方的思维方式处于极端定式时，暂时不要进行说服。

案例链接

周恩来答记者问

曾经有一位西方记者问周总理："请问总理先生，现在的中国有没有妓女？"不少人纳闷：怎么提这种问题？大家都关注周总理怎样回答。周总理肯定地说："有！"全场哗然，议论纷纷。周总理看出了大家的疑惑，补充说了一句："中国的妓女在我国台湾省。"顿时掌声雷动。

这位记者的提问是非常阴毒的，他设计了一个圈套给周总理钻。新中国成立以后就封闭了内地所有的妓院，原来的妓女经过改造都已经成为自食其力的劳动者。这位记者想：问"中国有没有妓女"这个问题，你周恩来一定会说"没有"。一旦你真的这样回答了，就中了他的圈套，他会紧接着说"台湾有妓女"，这个时候你总不能说"台湾不是中国的领土"。这个提问的阴毒就在这里。当然周总理一眼就看穿了他的伎俩，这样回答既识破了分裂中国领土的险恶用心，也反衬出大陆良好的社会风气和台湾进行对比。

（2）拒绝技巧　实言相告，征得谅解。这指的是直接向对方解释自己的难处，给别人以明确坦率的答复。寻找托词时要注意，不使对方产生误会。

①找准时机。如果必须拒绝对方，那就越快越好，使对方不再抱有希望，而尽快另行安排。有的人因为有这样那样的顾虑，明明不能满足对方要求，又迟迟不作答复，或说话模棱两可，反而容易引起对方误会，导致关系破裂。

②委婉含蓄。拒绝对方的要求，只是表明这次合作不成功，并不意味着今后断绝一切交往，交际双方仍然可能保持良好的关系。当对方是自己的朋友，或是对自己曾经有恩的人时，要考虑对方可能产生的想法，不要伤害对方的自尊心。在这种情况下，要明确坦率地讲出自己的难处，并可考虑给对方留个退路，取得对方的谅解。这样合作虽未成功，友情却依然存在。

③善于借用。可以借用名人、伟人、古人的典型话语来表达自己的意思，一方面可以使自己说出的话更具权威性，使对方深有同感，另一方面也可以避免自己直抒己见时太锋芒毕露。

④以问代答。这种方法，一般不由自己说出拒绝的理由，而是提出问题，请对方权衡，由对方自己放弃要求。例如，"很感谢贵单位邀请我参加你们的活动，但是，我同一个时间还要去参加一个新产品鉴定会，您看怎么办呢？"

被别人拒绝，心情不可能是愉快的。这时候应尽力保持风度，表现得超脱一些。要善意地理解对方的苦衷，不使对方难为情。要注意保持友好的态度，控制情绪，不作过激的反应。同时要考虑及早寻找别的出路。这种身处困境尚为别人着想的做法，会使对方在以后的交往中尽心尽力地帮助你。

3. 善于倾听 在人部分工作环境中，倾听者与说话者的角色常常在交换。有效的倾听者能够使说者到听者以及听者再回到说者的角色转换十分流畅。正确的倾听技巧可以促进有效地沟通。

（二）演讲

演讲是指演讲人面对听众，集中阐述问题、表情达意的一种说话方式，是人们交流思想和信息的一种传播活动。

演讲是公共关系工作中最常用、最普遍的一种口语传播方式，是一种永远都不会过时的公关手段。演讲是由演讲者、演讲的内容和演讲的听众这三大要素构成的，它通常是由演讲者利用一定的场合，向听众陈述某个事实，宣传某个观点和思想，鼓励某种情绪和气氛。组织领导人或公关人员时常会由于工作的需要，进行这种类型的公关活动，以求向自己组织的特定公众传播某些信息，如：宣传组织的宗旨，介绍组织的活动，报告组织的成就，解释组织的意图，等等。演讲的类型可以分为即兴演讲和有准备的演讲，以及叙事型演讲、议论型演讲、抒情型演讲、集会演讲、广播演讲、电视演讲，政治演讲、学术演讲、社会演讲等。

1. 演讲传播的优势 演讲是最具公关效果的一种口语表达形式。一个好的演讲的传播优势表现在以下六个方面。

（1）具有较强的劝服效果 演讲使演讲者与听众进行面对面的直接接触，具有最直接和较强的劝服力。演讲者的目的是说服听众赞同自己的观点，在面对面的情况下，一旦发现听众出现怀疑、不赞同的表情，可以即时地以更多的事实、论据来推理、解释、说明，以及配合语音、表情、动作的技巧来进行当面的劝服。

（2）有效的信息交流 演讲能为演讲者和听众提供现场双向交流的机会，通过现场的反应、交流，有利于达到有效的沟通。双向性和反馈性越充分，信息的交流就越有效。

（3）表现力较强　演讲是"讲"和"演"的结合。"讲"是陈述事实、观点、论据；"演"既是逻辑的演绎推理，又是表情、动作的表演艺术。当观点、论据和事实的陈述被逻辑地"演绎"和艺术地"表演"出来，就会具备较强的表现力。

（4）有助于提高声望　演讲能够提高演讲者个人和组织的声望。能够获得公众演讲的机会，并成功地利用这种机会，会有助于提高演讲者的地位和知名度，有助于树立演讲者的形象。

（5）直接宣传组织的观点　演讲总是带着既定的传播目的，具有较鲜明的针对性，当众宣传演讲者个人或组织的观点，直接推销组织的形象，而不借助他人的口或其他媒介渠道。

（6）直接提供权威性资料　演讲者在演讲现场亲口说出来的信息总是被作为第一手的、最具权威性的资料，并常常被其他信息传播媒介视为权威性的资料来源。当然，如果演讲不成功或失败，以上优势就不可能出现，甚至会成为劣势。因为演讲者话一出口就无法收回，所以必须讲究演讲的技巧。

2. 演讲技巧　演讲是一种艺术程度较高的传播手段，关于演讲技巧的研究已有不少专门的著作，做公共关系工作有必要专门学习和训练演讲技巧。这里仅谈谈最主要的几点。

（1）做好演讲的准备　包括了解听众，熟悉主题和内容，搜集素材和资料，准备演讲稿，作适当的演练等。演讲是一种言语的表达。也许很多人都会认为，说话是人的天生能力。可是，我们往往会发现，一个即使是能说会道的人，一旦让他（她）在大庭广众面前讲话。以表达自己的思想，他恐怕连自己平日讲话水平的百分之一都发挥不出来。因此，演讲与平常的讲话不同，需要作较充分的准备工作。成功的演讲是从准备开始的。要有准备，首先就是要有调查，有调查才有发言权。这种调查包括：了解演讲的听众，如他们的年龄层次、知识结构、社会背景、意见态度、行为方式等，以此为根据来确定演讲的主题和内容，搜集演讲的素材，选择适宜的演讲方式。面对众多听众，要想让他们连续精心地听上一二个小时而不感到厌烦，还是需要讲究点方式、方法的，比如考虑是否需要借助图表、照片和影视资料等辅助媒介。

（2）运用演讲艺术　包括开场白的艺术、结尾的艺术、立论的艺术、举例的艺术、反驳的艺术、幽默的艺术、鼓动的艺术、语音的艺术、表情动作的艺术等等。通过运用各种演讲艺术，使演讲具备两种力量：逻辑的力量和艺术的力量。演讲具备逻辑的力量便能令人信服，具备艺术的力量能使人受到感染。

（3）怯场情绪的调控　即使是著名的演讲家，在他们第一次走上讲台时，也有过怯场的经历。调节与控制怯场情绪，首先要明确演讲目的，端正动机；要增强自信心，坚信自己能够成功。其次要做好演讲前的各种准备。包括撰写演讲稿或拟定演讲提纲，对演讲内容烂熟于胸；要设计好态势语，对必要的手势做做练习；要熟悉听众情况，对听众的职业、年龄、文化水平、思想需求等有所了解。另外可以运用想象法+把听众想象成久别重逢的至爱亲朋，他们渴望倾听你的讲话。这样的友好想象，也会镇定你的情绪。

（4）演讲场面的控制　在演讲过程中，由于多种因素的影响，往往会出现一些不利于演讲的场面，例如会场骚动、情绪浮躁、反应冷淡、昏昏欲睡等。对此，演讲者不能听之任之，视而不见，也不能怒气冲冲，大动肝火。演讲者要理智地控制情绪，从容镇定，并根据具体情况变换演讲方式，或增加幽默感、趣味性，或加大声音力度、加快语言速度，或采用提问、短时停顿等方式，以活跃场上气氛，消除倦意，融洽台上台下的情感。

（5）意外情况的补救　有许多时候，即便做了较充分的准备，也难免出现一些意想不到的失误，如记忆中断或讲错了话等。演讲者可以根据具体情况，采取相应的措施。演讲中出现短暂遗忘，可采用以下方法补救。

①插话补救。在中断的地方插一句："朋友们，我这样讲不知大家能否听清楚？"利用征询听众意见，观察听众反应的瞬间迅速回忆。

②重复补救。出现短时遗忘后，将前面最后一句话重复一遍，以表示强调。可以说"是的……这个问题应当引起我们的重视。"经过重复容易引起联想。

③跳跃补救。如果上述方法不能奏效，只好想到哪里就从哪里接下去。为了衔接自然不露痕迹，可以适当加一些关联词语。如果演讲结束前又回忆起来，必要的话，可根据情况在某一个层次之后补进去。

（6）演讲中一旦讲错了某句话，并且自己随即有所察觉，可以根据失误的性质、程度，采用如下方法补救。

①将错就错。对只是说错了某个数字或年代、漏字词或不合语法、听众没听出来而又不影响问题阐述的小错，不必纠正。

②重复纠正。对比较关键或原则性的失误或是听众已产生反应的小错，可以重复一遍正确的，但一般没有必要声明"对不起，刚才我讲错了"。

③随机应变。有时候，一些较大的失误单靠重述一遍也很难挽回影响。对此应当及时果断地处理，巧妙灵活地圆场。

（三）谈判

1. 公关谈判的特点　公关谈判是指组织为了塑造良好形象，协调和改善组织与公众的关系，争取合作、支持与谅解而进行的双方正式的会晤与磋商，也是为实现公共关系目标而被经常运用的一种主要的人际传播与交流沟通手段。

现代公共关系是以"双向对称"模式为标志。它主张社会组织与其公众互利互惠，共同发展，实现社会组织与公众利益关系的均衡化和一致化。现代公共关系的这一本质特征，决定了作为实现公共关系目标的重要手段之一的公共关系谈判，具有区别于其他常规谈判的显著特点。

（1）公关谈判的基本形态是"双赢"式的。所谓"双赢"式谈判，是指谈判双方都能通过彼此合作，各获其利，"每方都是胜者"。

同时成为赢家，而不像"输赢"式谈判那样分割预定的谈判结果。"输赢"式谈判，虽然彼此接受对方的条件，达成了协议，由于其中一方或倚仗自身的经济、技术实力，或依靠强权政治，迫使对方接受了谈判条件，达成了协议，自己获得了绝对多的利益，而使对方蒙受了较大的损失。比如，中国自鸦片战争以来，由于帝国主义列强以武力相威胁，强迫中国签订的一系列不平等条约，就属于这一类。

公共关系谈判的基本形态之所以是"双赢"式的，是由公共关系"双向对称"、"互惠互利，共同发展"的性质和宗旨所决定的。当组织与公众的利益发生矛盾冲突或重大变化时，双方势必通过谈判来解决问题。但由于公共关系是以赢得公众的理解、同情和支持，赢得更有效的合作和实现共同利益，塑造良好组织形象为宗旨，因此公共关系谈判双方一般不会进入严重的利害冲突状态。相反，往往是合作性与对立性大约各占其半，有时甚至是合作性是主导方面。良好的合作，使谈判双方各自都获得满意的结果，都成为赢家。

（2）公关谈判一般采取"互惠"式模式。所谓"互惠"式的谈判模式，是指谈判双方从认定自身需要出发，从探索对手的需要入手，着眼于寻求解决问题的途径和谋求双方的共同利益，最后达成合作的协议（或破裂）来完成谈判的既定任务。互惠模式下的谈判者，一般都把谈判对手视为共同解决问题的朋友，以真诚、温和、审慎的态度对待谈判的对手及其提供的资料；谈判的目标是在充分考虑效率及人际关系的条件下寻求双方的共同利益和自身需要的满足。这就改变了传统谈判模式下的谈判者。视谈判对手为敌人，不信任谈判对手，甚至以施加压力、凭借手中底牌以误导谈判对手和以获取己方胜利为唯一追求目标的种种不良做法，扫除了"市侩气"，有利于谈判获得成功。

互惠式谈判有两种基本情况。一种是直接的合作互利，谈判各方为一个对各方都有利的共同月标进行磋商，他们主要是合作者。例如，国际上的维护全球生态、防止环境污染的谈判、兄弟院校或科研单位之间的科研联合攻关的谈判、地区或部门之间联合兴建大型工程的谈判等。当然，既是谈判就不免有利益分歧，但合作互利是主流，谈判正是为了更好、更公平地合作。另一种是谈判双方虽然有较大的利益和目标分歧，但在对立的利益中可以找到契合利益，在相异的目标中包含着有利于对方的因素，通过谈判，求同存异，使双方都有所得，同样达到合作互利的目的。

2. 公关谈判的步骤　谈判过程的核心，一般包括六个阶段。

（1）开局阶段　这个阶段是通过介绍和被介绍，使参与谈判双方相互认识留下第一印象的过程。开局阶段虽然费时不多，但对谈判成功与否影响很大。在开局阶段能够营造一个互谅互让、积极融洽的谈判气氛对整个谈判过程是至关重要的。在这一阶段必须注意做到以下几点。一是开局时间不要持续过长。二是寒暄要恰到好处。三是注意服装仪表，动作自然大方。四是避免过于聒噪和冷场的局面。

（2）概说阶段　在这一阶段中，双方简要阐述各自的谈判目的，自己希望达成的目标和设想。此阶段是认识双方想法的"第一印象"阶段，因此必须注意做到以下几点。一是开始发言时，要言简意赅，注意感情色彩，言辞或态度尽量不要引起对方的焦虑和愤怒，激起对方的自卫只会丧失他原来协助和支持的机会。二是讲完自己的意见后，要倾听对方的发言，理解其讲话的内容。三是概说阶段时间要短，争取得到对方的首肯。有了最初的首肯，便是开启了通向成功的大门。

（3）明示阶段　这个阶段的主要目的是及早确认双方的不同意见，确认事实。为了解决双方的不同意见，达成协议，必须以坦诚的态度对待自己的需要和对方的需要、彼此互相的需要及外表不易觉察的内蕴需求。追求自己的需要是谈判的目的，但同时又要适当满足对方的需要，这是谈判得以成功的关键。为此要做到：对己方所求，不要过分苛刻；对对方所求，不要过分谴责；彼此互谅互让，尽力使对方满意；核心需求，待时机成熟方可提出。

（4）交锋阶段　双方的真正对立、竞争状态在这个阶段才明显展开。彼此双方就其观点、目标的对立进行实质性会谈。由于谈判双方都想获得利益和占优势，有时甚至有一种紧张的如临大敌的感觉。在这种情况下，谈判人员要镇定并做到两点，一是坚定自己的立场，朝着自己所求的方向勇往直前。为此做好思想上、心理上的充分准备，提高应变能力，随时准备回答对方质询。做到既要尽可能地保证自己的利益，也要显示双方妥协的可能范畴。二是正确分析双方的分歧和差异。既要用事实说明自己的观点，找出各方面的分歧和差异所在，又要运用谈判技巧和合理的妥协来缓和气氛，使谈判得以心平气和地进行下去，最终消除分歧差距，以求一致，达成协议。

（5）妥协阶段　这是寻求双方可以接受的途径阶段。双方交锋、相持不可能永远继续下去，其最终目的还是渴望谈判成功。因此，谈判各方都会在会谈过程中适当地调整目标，作一些必要的妥协和让步。在妥协阶段，谈判人员要注意以下几点：

一是坚持原则性与灵活性的统一。既要坚持原则立场，又不要伤害对方的感情和影响今后的合作；既要精于计算、权衡利弊得失，以求更大利益，又不必锱铢必较、胡搅蛮缠地大做文字游戏。各方应在基本要求的基础上，寻找出共同点，寻求各方所能接受的折中方案，使争议得到合理解决。

二是保持清醒头脑，把握妥协尺度。

三是要明确圆满成功的公关谈判是要使各方的利益得到一定程度的满足，每一方都是谈判的胜利者。

（6）协议阶段　通过洽谈，双方认为已基本上实现了自己的目标，便表示拍板同意，然后由双方各代表自己一方在协议上签名、盖章，握手言和，以保持相互之间的亲切感，为下次谈判创造良好的感情基础。谈判人员在这一阶段要做到：拍板定案时，要将协议的主要条款陈述一遍，以防有误；谈判协议书文字表达要准确，内容要全面，不能产生歧义和遗漏。

协议的最后结果是双方签订合同。合同书要内容完备、条款具体、责任明确、文字准确。

3. 公关谈判的技巧　公关谈判有一个明确的基本前提和目标，就是在谈判中社会组织必须兼顾双方利益。成功和圆满的谈判应该是也只能是使双方合理的利益要求都基本上得到满足，双方都是谈判桌上的胜利者。在重视自身利益最大化的同时，也要尊重对方应得的利益。为了达到双赢这一目标，在谈判中，运用以下技巧：

（1）知己知彼　首先，对自身的利益目标要有一个比较准确的基本估价。根据这个限度，可以事先准备几套谈判方案。这样，一则可以让自身有灵活的进退余地；二则也可以让对方有选择的余地。这就比较容易达成协议。其次，对对方可能提出的方案要有预先的估计。还应对对方的利益出发点，利益需要的迫切程度，以及对方代表的个人情况尽可能地进行全面周全的了解。可以通过对对方姿态、着装等的观察分析，来了解对方的心理状态，做到"知己知彼"。再根据所分析的结果，来制定实施与对方谈判的策略，这样才能在谈判中应付自如，进退适度，始终保持主动，从而"百战不殆"。

（2）有针对性　在公关谈判中，双方各自的语言都是表达自己的愿望和要求的，因此谈判语言的针对性要强，做到有的放矢。模糊、罗嗦的语言，会使对方疑惑、反感，降低己方威信，成为谈判的障碍。针对小同的谈判内容、谈判场合、谈判对手，要有针对性地使用语言，才能保证谈判的成功。同时，在谈判中，要充分考虑谈判对手的性格、情绪、习惯、文化以及需求状况的差异，恰当地使用针对性的语言。重点要了解对方的需求，在此基础上实现与对方的良好沟通，然后在沟通的平台上设法说服对方。

（3）措辞婉转　既不会有损对方的面子，又可以让对方心平气和地认真倾听和接受自己的意见。谈判高手往往努力把自己的意见用委婉的方式自然地与对方的见解融合在一起，提高说服力。在自己的意见提出之前，先问对手如何解决问题。当对方提出以后，若和自己的意见一致，要让对方相信这是他自己的观点。在这种情况下，谈判对手有被尊重的感觉，他就会认为反对这个方案就是反对他自己，因而容易达成一致，获得谈判成功。

（4）灵活应变　谈判形势的变化是难以预料的，往往会遇到一些意想不到的尴尬事情，要求谈判者具有灵活的语言应变能力，并与应急手段相配合，巧妙地摆脱困境。

（5）合理让步　让步是表示诚意的最有效的做法，能使双方的关系进一步融洽起来。任何时候对方在谈判中要求你做出让步时，你也应主动提出相应的要求。强调这一点能阻止对方的"软磨硬泡"。如果让对方知道他们每次提出新的要求，你都要求相应的回报，就能防止他们没完没了地提更多要求。

（6）恰当地使用体态语言　公关谈判中，谈判者通过姿势、手势、眼神、表情等非发音器官来表达的意思，往往在谈判过程中发挥重要的作用。如，人与人之间能够通过眼神等细微变化传递信息，只要你在谈判中具有坚定的信念和自我我实现的执着精神，就会让谈判对手感受到你的诚意，从而有效地推进谈判。在有些特殊环境里，有时需要沉默，恰到好处的沉默可以取得意想不到的良好效果。

案例链接

海底捞的微笑 VS 空姐的微笑

作为服务行业有名的火锅店，海底捞跟其他火锅店一样，环境很嘈杂。但让顾客愿意经常去，充当长期客户的原因是，海底捞的服务员虽然年纪大，不是特别漂亮，但他们都有一个共同的特点——发自内心的笑容。

其他的服务型行业，比如民航业，空姐们虽然比海底捞的服务员更漂亮，制服也更好，但是，她们常常是一种皮笑肉不笑的状态。相比之下，海底捞服务员的笑容更能够打动人。

虽然海底捞服务员的普通话水平一般，而空姐能够多次使用礼貌用语，但是，通常当人们面对面沟通时，信息传递通过三种方式：语言（文字）传递7%，声音传递38%，表情及肢体动作传递占55%。所以，人们不只是听你说的内容，更重要的是会感受你的表情和声音等非语言沟通因素。

二、非语言沟通的属类与技巧

（一）目光与表情

目光接触，是人际间最能传神的非言语交往。"眉目传情""暗送秋波"等成语形象说明了目光在人们情感的交流中的重要作用。

在沟通中，听者应看着对方，表示关注；而讲话者不宜再迎视对方的目光，除非两人关系已密切到了可直接"以目传情"。讲话者说完最后一句话时，才将目光移到对方的眼睛。这是在表示一种询问"你认为我的话对吗？"或者暗示对方"现在该轮到你讲了"。

在人们交往过程中，彼此之间的注视还因人的地位和自信而异。推销学家在一次实验中，让两个互不相识的女大学生共同讨论问题，预先对其中一个说，她的交谈对象是个研究生，同时却告知另一个人说，她的交谈对象是个高考多次落第的中学生。观察结果，以为自己地位高的女学生，在听和说的过程都充满自信地不住地凝视对方，而自以为地位低的女学生说话就很少注视对方。在日常生活中能观察到，往往主动者更多地注视对方，而被动者较少迎视对方的目光。

微笑来自快乐，它带来的快乐也创造快乐，在销售过程中，微微笑一笑，双方都从发自内心的微笑中获得这样的信息："我是你的朋友"，微笑虽然无声，但是它说出了如下许多意思：高兴、欢悦、同意、尊敬。想与他人良好的沟通，请你时时处处把"笑意写在脸上"。

（二）服饰

在沟通中，人的衣着也在向对方传播着信息。意大利影星索菲亚·罗兰说："你的衣服往往表明你是哪一类型，它代表你的个性，一个与你会面的人往往自觉地根据你的衣着来判断你的为人。"衣着本身是不会说话的，但人们常在特定的情境中以身着某种衣着来表达心中的思想和建议要求。在沟通中，人们总是恰当地选择与环境、场合和对手相称的服装衣着。在沟通中，可以说衣着是"自我形象"的延伸扩展。同样一个人，穿着打扮不同，给人留下的印象也完全不同，对交往对象也会产生不同的影响。

美国有位营销专家做过一个实验，他本人以不同的打扮出现在同一地点。当他身穿西服以绅士模样出现时，无论是向他问路或问时间的人，大多彬彬有礼，而且本身看来基本上是绅士阶层的人；当他打扮成无业游民时，接近他的多半是流浪汉，或是来借火点烟的。

（三）仪态与体态

达芬·奇曾说过，精神应该通过姿势和四肢的运动来表现。同样，在沟通中，人们的一举一动，都能体现特定的态度，表达特定的含义。

体态会流露出一个人的态度。身体各部分肌肉如果绷得紧紧的，可能是由于内心紧张、拘谨，在与地位高于自己的人交往中常会如此。推销专家认为，身体的放松是一种信息传播行为。向后倾斜15度以上是极其放松。人的思想感情会从体态中反映出来，略微倾向于对方，表示热情和兴趣；微微起身，表示谦恭有礼；身体后仰，显得若无其事和轻慢；侧转身子，表示嫌恶和轻蔑；背朝人家，表示不屑理睬；拂袖离去，则是拒绝交往的表示。

我国传统是很重视在交往中的姿态，认为这是一个人是否有教养的表现，因此素有大丈夫要"站如松，坐如钟，行如风"之说。在日本，百货商场对职员的鞠躬弯腰还有具体的标准：欢迎顾客时鞠躬30°，陪顾客选购商品时鞠躬45°，对离去的顾客鞠躬45°。

如果你在沟通过程中想给对方一个良好的第一印象，那么你首先应该重视与对方见面的姿态表现，如果你和人见面时耷着脑袋、无精打采，对方就会猜想也许自己不受欢迎；如果你不正视对方、左顾右盼，对方就可能怀疑你是否有销售诚意。

（四）声调

恰当的自然地运用声调，是顺利交往和销售成功的条件。一般情况下，柔和的声调表示坦率和友善，在激动时自然会有颤抖，表示同情时略为低沉。不管说什么样话，阴阳怪气的，就显得冷嘲热讽；用鼻音哼声往往表现傲慢、冷漠、恼怒和鄙视，是缺乏诚意的，会引起人不快。

案例链接

菜单 OR 悲剧——声调的影响

有一次，意大利著名悲剧影星罗西应邀参加一个欢迎外宾的宴会。席间，许多客人要求他表演一段悲剧，于是他用意大利语念了一段"台词"，尽管客人听不懂他的"台词"内容，然而他那动情的声调和表情，凄凉悲怆，不由使大家流下同情的泪水。可一位意大利人却忍俊不禁，跑出会场大笑不止。原来，这位悲剧明星念的根本不是什么台词，而是宴席上的菜单。

（五）礼物

礼物的真正价值是不能以经济价值衡量的，其价值在于沟通人们之间的友好情意。原始部落的礼品交换风俗的首要目的是道德，是为了在双方之间产生一种友好的感情。同时，人们通过礼品的交换，同其他部落氏族保持着社会交往。当你生日时送你一束鲜花，你会感到很高兴，与其说是花的清香，不如说是鲜花所带来的祝福和友情的温馨使你陶醉，而自己买来的鲜花就不会引起民如此愉悦的感受。

在交往过程中，赠送礼物是免不了的，向对方赠送小小的礼物，可增添友谊，有利于巩固彼此的交易关系。那么大概多少钱的东西才好呢？在大多数场合，不一定是贵重的礼物会使受礼者高兴。相反，可能因为过于贵重，反而使受礼者觉得过意不去，倒不如送点富于感情的礼物，更会使销售对象欣然接受。

（六）时间

在一些重要的场合，重要人物往往姗姗来迟，等待众人迎接，这才显得身份尊贵。然而，以迟到来抬高身份，毕竟不是一种公平的交往，这常会引起对方的不满而影响彼此之间的合作与交往。赴会一定要准时，如果对方约你7时见面，你准时或提前片刻到达，体现交往的诚意。如果你8点钟才到，尽管你口头上表示抱歉，也必然会使对方不悦，对方会认为你不尊重他，而无形之中为销售设下障碍。

文化背景不同，社会地位不同的人的时间观念也有所不同。如德国人讲究准时、守时；如果应邀参加法国人的约会千万别提早到达，否则你会发觉此时只有你一个人到场。有位驻非洲某国的美国外交官应约准时前往该国外交部，过了 10 分钟毫无动静，他要求秘书再次通报，又过了半个小时仍没人理会他，这位外交官认为是有意怠慢和侮辱他，一怒之下拂袖而去。后来他才知道问题出在该国人的时间观念与美国人不同，并非有意漠视这位美国外交官。

（七）环境

沟通环境是指沟通时周围的环境和条件，既包括与个体间接联系的社会整体环境（政治制度、经济制度、政治观点、道德风尚、群体结构），又包括与个体直接联系的区域环境（学习、工作、单位或家庭等），对个体直接施加影响的社会情境及小型的人际群落。

环境对人与人之间的沟通有重要影响，环境中的声音、气味、光线以及色彩、布局，都会影响人的注意力与感知。布局杂乱、声音嘈杂的环境将会导致信息接收的缺损。因此在营造良好的沟通环境时可借鉴以下原则。

（1）沟通场所大小适宜。
（2）沟通场所要无噪音及干扰物。
（3）沟通人员的座位要安排适当。
（4）沟通场所的光度和温度要适宜。
（5）备有各种必要的设备。
（6）重视精神环境而慎选时机。

任务四　公关沟通常见障碍与克服

案例导入

小张买狗

前些日子出差，客户的公司门口有一家宠物店，看到宠物店中有一条小狗，经过一番讨价还价，小张把小狗买了下来带回家去。晚上给父母打电话，告诉他们买了一条宠物狗，取名"博美"，父亲听了非常高兴，马上询问什么颜色，多大？母亲听到狗在叫，就问是否很脏，咬人吗？有没有打预防针……

【案例思考】

同样是对于一条狗的理解，然而不同的人反映的确差别很大。父亲喜欢狗，所以一听到狗，在他的脑海中肯定会描绘出一幅一条可爱的小狗的影像。而母亲的反应却是关心狗是否会给我带来什么麻烦，在脑海中也会浮现出一副"肮脏凶恶的狗"的影像。

看来，同样的一件事物，不同的人对它的概念与理解的区别是非常大的。在我们日常的谈话与沟通当中也是同样的。当你说出一句话来，你自己认为可能已经表达清楚了你的意思，但是不同的听众会有不同的反映，对其的理解可能是千差万别的，甚至可以理解为相反的意思。这将大大影响我们沟通的效率与效果。同样的事物，不同的人就有不同的理解。在我们进行沟通的时候，需要细心地去体会对方的感受，做到真正用"心"去沟通。

知识平台

一、公关沟通的常见障碍

沟通存在于公共关系活动的每个环节。常见公关沟通障碍可分为人际沟通障碍和信息沟通障碍两种，在信息化高度发达的今天，常见公关沟通障碍主要存在于人际沟通过程。而人际沟通障碍主要受个人因素、人际因素和结构因素的影响。

1. 个人因素障碍　指沟通中由于个人的性格、心理特点、思维方式、知识、能力、经验等的不同造成的障碍。主要包括：第一，人们对人对事的态度、观点和信念不同造成沟通的障碍；第二，个人的个性特征差异引起沟通的障碍；第三，语言表达、交流和理解造成沟通的障碍；第四，应变能力缺陷造成沟通障碍；第五，其他个人因素如知识、经验水平的差异导致沟通障碍，个体记忆不佳造成的沟通障碍等。

2. 人际因素障碍　主要包括沟通双方的相互信任程度和相似程度。沟通是发送者与接收者之间"给与受"的过程。信息传递是双方的事情，沟通双方的诚意和相互信任至关重要。在公共关系沟通中，当面对来源不同的同一信息时，公众最相信的是他们认为最值得信任的那个信息来源。因而，如果组织与公众之间有猜疑，就会增加抵触情绪，减少坦率交谈的机会，也就不可能进行有效的沟通。沟通的准确性与沟通双方之间的相似性也有着直接的关系。沟通双方的特征，包括性别、年龄、智力、种族、社会地位、兴趣、价值观、能力等相似性越大，沟通的效果也会越好。

3. 结构因素障碍　是指信息传递者在组织中的地位、信息传递链、团体规模等结构因素也影响着沟通的有效性。研究表明，地位的高低对沟通的方向和频率有很大的影响。例如，人们一般愿意与地位较高的人沟通。地位悬殊越大，信息趋向于从地位高的流向地位低的。大家都有这样的经验，在集会上，人们总是让地位较高的人发言，并希望从他的讲话中获得有价值的信息。

信息上下沟通层次越多，它到达目的地的时间也越长，信息失真率则越大，越不利于沟通。所以，组织机构庞大，层次太多，也影响信息沟通的及时性和真实性。一个人数不多的私企，老板的决策通常由他自己亲自告诉工作人员去执行，而在大型跨国集团里，其总部决策从发出到传到执行者，中间不知要经过多少环节。

信息平行沟通障碍大多是因为若干职能部门分别行使不同的专业管理职能且分属于不同的上级领导所致。组织内部的各职能部门难以对相关平级单位直接行使其专业管理职权时，大多数情况下，职能部门是不会或者很难直接接受专业管理不能发出的管理指令的，此时前者就只能将管理的信息传给自己的上级，然后由自己的上级与对方的上级领导沟通，再由对方的上级领导下达或行使管理职权指令。显而易见，按照这种组织方式运行，组织内的许多管理信息就必定要延时或延误。

二、克服公关沟通常见障碍的办法

1. 开展互补式沟通　公关人员在与不同的人打交道时，应根据环境需要和对方表现调整自己的心态及表现，必要时对沟通对象进行引导，以达到互补式沟通的良好效果。尽量使沟通对象了解并接受沟通目的和意义，双方都认为对方同自己一样有理性，从而降低人际间情感冲突的可能性。互补式沟通除了可以改善组织内的人际沟通外，还在销售和客户服务等需要大量人际沟通的领域也非常有效。在强调关系营销和客服质量的市场环境下，互补式沟通能帮助销售人员或客服员工迅速把握客户心理，提升销售业绩。

2. 及时做出反馈　要允许沟通对象提出问题，并认真解答；在组织内部刊物上可设立"有问必答"栏目，鼓励员工和关系客户提出自己的疑问。此外，比如公关人员走出办公室，开展坦诚、开放、面对面的沟通会使沟通对象觉得组织能够关注和理解自己的需要，从而取得事半功倍的效果。

3. 减少信息误读　沟通的最大障碍在于沟通对象对信息误解或者理解得不准确。布置任务或发布宣传时，应该选择公众易于理解的词汇，并适当重复重要内容，消除语言障碍带来的负面影响。

4. 准确使用肢体语言　研究表明，交互沟通中一半以上的信息不是通过词汇来表达的，而是通过肢体语言来传达的，必须注意自己的肢体语言与口头语言的一致性。比如，你告诉消费者你很想知道他们在产品使用时遇到了哪些困难，并乐意提供帮助，但同时你又表情冷漠，若有所思。这很容易使消费者怀疑你是否真诚可信。

5. 保持理性，避免情绪化行为　在双向沟通中，信息的发出者和接受者的情绪会影响到他们对信息的理解。培养镇定的情绪和良好的心理，创造一个相互信任、有利于沟通的小环境，将有助于人们真实地传递信息和正确地判断信息，避免因偏激而歪曲信息。情绪化会使人们无法进行客观理性的思维活动，而代之以情绪化的判断。公关人员在与公众进行沟通时，应尽量保持理性和克制，如果情绪出现失控，则应暂停下一步的沟通，直至恢复平静。

活动设计

表达与倾听

【活动内容】

（1）绕口令练习。

（2）运用口头表达技巧有感情朗读一段话。

（3）以2人组合为一个单位，运用倾听技巧进行交谈。

（4）运用克服沟通障碍技巧，当众分析影响自身的沟通障碍并谈谈如何克服。

【活动要求】

（1）在每个实训环节大胆练习，放开练习。

（2）营造一种互相帮助，共同进步的实训氛围，互相鼓励，尊重他人，不准取笑。

与陌生人沟通技巧练习

背景资料

许多人与朋友一起能侃侃而谈，但如果碰到陌生人有的就会有胆怯心理，也有的就不知从何说起，还有的看似很健谈，却效果不好。可以说，要有良好的人际关系，敢于并善于与陌生人沟通是非常重要的。

【活动内容】

（1）在校园里主动与 5 名陌生的校友沟通。

（2）到校外主动与 5 名陌生人沟通。

【操作步骤】

（1）老师先进行动员，说明沟通的重要性，明确要求。

（2）做好安全教育。

即兴演讲练习

【活动内容】

（1）自拟情境，围绕某一主题进行一段即兴演讲，时间大约 3 分钟。

（2）演讲一段欢迎词或欢送词

（3）在应聘时，作一段自我介绍。

【操作步骤】

（1）运用表达技巧和演讲技巧进行演讲。

（2）运用说服技巧进行应聘的自我介绍。

（3）小组各选派 1 名上台演讲欢迎词或欢送词。

模拟谈判

背景资料

一位顾客在喝酸奶时吸到了玻璃碎片，于是他怒气冲天找到牛奶公司投诉。牛奶公司的接待人员和顾客进行谈判。通过双方谈判，最后化干戈为玉帛，妥善解决了问题。

【活动内容】

（1）从各小组中推选两名代表模拟演示，通过实战评判各小组的公关谈判能力。

（2）评选出最佳谈判小组和若干谈判专家。

【操作步骤】

（1）内设有谈判桌的实训室。

（2）事先对学生按照 5~6 人进行分组。

非语言沟通练习

【操作步骤】

（1）以 2 人为单位，进行目光的注视训练。

（2）练习微笑

（3）寻找生活实例，讨论非语言沟通的重要性和自身的体会。

【活动要求】

（1）每位同学认真练习。

（2）同学之间互相点评。

【活动条件】

（1）教室里有镜子和多媒体设备。

（2）营造一种温馨的氛围，练习目光和微笑时播放轻音乐，缓解尴尬。

目标检测

一、多项选择题

1. 内部公共关系主要有（　　）。

    A. 员工关系　　　　B. 顾客关系　　　　C. 媒介关系

    D. 社区关系　　　　E. 股东关系

2. 外部公共关系主要有（　　）。

    A. 政府关系　　　　B. 顾客关系　　　　C. 媒介关系

    D. 社区关系　　　　E. 股东关系

3. 沟通一般包括（　　）

    A. 语言沟通　　　　B. 信函沟通　　　　C. 聊天沟通

    D. 答问　　　　　　E. 非语言沟通

4. 公关谈判的特点（　　）。

    A. 复合　　　　　　B. 双赢　　　　　　C. 互惠

    D. 合作　　　　　　E. 双向

二、简答题

1. 公共关系包括哪些包含哪几项？

2. 如果进行内部公共关系协调沟通，可使用的协调方法有哪些？

项目六　公共关系营销

学习目标

知识要求

1. 掌握公共关系营销的基础知识。
2. 熟悉公共关系营销手段和渠道应用。
3. 了解公共关系营销的作用与地位。

技能要求　能够运用公共关系营销的知识策划、实施整合营销传播活动，帮助组织发展公众关系和塑造良好的组织形象。

公共关系营销可以帮助各行各业社会组织实施计划实现目标，提高组织的社会形象。在激烈的竞争环境中，公共关系营销已经被视为有效的市场营销新策略。

任务一　认知公共关系营销

案例导入

加多宝借势中国好声音完成品牌营销完美转身

2012 年 7 月 13 日，由浙江卫视购买版权、携手凉茶领导者加多宝强力打造的大型专业音乐评论节目《加多宝中国好声音》亮相荧屏，节目携世界华人的音乐梦想重磅来袭。《加多宝中国好声音》网罗了中国最强实力明星作为评委刘欢、那英、庾澄庆、杨坤这四位当今华语乐坛的一线巨星将带领观众寻找中国最正宗好声音。加多宝整合了包括平面媒体、户外广告、广播以及网络在内的媒体资源，同时结合线下进行数万次路演宣传为《加多宝中国好声音》造势。在浙江卫视《加多宝中国好声音》首播之后，短短一周时间节目就飙升至网络最热搜索词排行榜首位，收视率也早已破4，艳压中国所有综艺节目。加多宝趁势开展围绕广告、社交媒体以及官方活动平台的营销活动。在《加多宝中国好声音》的强势播出下打造出加多宝正宗凉茶的最强音"以正宗之声，传正宗之名；借节目之力，扬更名之实"。将企业变为热门事件的"项目合伙人"，而不仅仅是"赞助商"或"项目投资人"，变被动为主动，在投资方式上，打造与其他同类项目的差异化。

【问题讨论】

加多宝完成完美转身运用了什么营销策略？

知 识 平 台

一、公共关系营销的定义

公共关系营销是以公共关系为主导的市场营销，主要通过传播沟通来收集信息、分析市场行情、协调与公众的关系，以帮助组织在市场竞争中更科学地利用"天时"、"地利"、"人和"等因素，全面准确地了解和把握消费者的心理、需求及其变化趋势，使组织有的放矢地进行经营管理的营销策略。

公共关系营销将销售产品的过程变为塑造形象、传播信息的过程，其显著特征是将单纯地销售产品转变为企业、企业家和产品的全方位的整体推销，从而产生比一般的市场营销更好的效果；它可以从心理上、精神上牢牢把握消费公众，使消费者不仅得到满意的服务，而且在心理上、思想上认同产品，形成对某项产品的良性心理定势，从而自觉地成为企业忠实的消费者。一般来讲，公关营销有新闻公关、报纸宣传、赞助公关、电视专题和文化公关等形式。

二、公共关系营销的作用

公共关系营销的实施使企业在赢利的基础上，建立、维持和促进与顾客及其他伙伴之间的关系，以实现参与各方的目标，从而形成一种兼顾各方利益的长期关系。公关营销活动是一个企业与消费者、供应商、分销商、竞争者、政府机构及其他公众发生互动作用的过程。正确处理企业与这些组织及个人的关系是公关营销的核心，是目标成败的关键。企业应在主动沟通、互惠互利、承诺信任的关系营销原则指导下，利用亲缘关系、地缘关系、业缘关系、文化习惯关系、偶发性关系等与顾客、分销商及其他组织和个人建立、保持并加强关系，通过互利交换及共同履行诺言，使有关各方实现各自目的。面对日益残酷的竞争挑战，许多企业逐步认识到，保持老顾客比吸引新顾客收益要高。研究发现，吸引一位新的顾客所花费用是保留一位老顾客的 5 倍以上，顾客再次购买率提高 5%，利润就增加 25%。因此，任何善于与主要公众建立和维持牢固关系的组织，都将从中得到许多发展机会。公关营销的作用主要表现在：

（1）企业或产品在公众心目中形成良好的信誉和形象。

（2）是一种良好的促销手段，有利于低成本打开市场，促进产品的销售。

（3）可以收集有利于企业决策的信息，如公众需求、对产品和服务的态度、对企业的形象评价等。

（4）在企业或产品面临危机之时，帮助扭转困难局面。

（5）对于企业内部，可以凝聚人心、沟通关系、协调工作，产生良好的内部效应。

三、医药企业的公关营销

医药行业由其与国计民生的密切关联性，历来为社会各界所关注，尽管政令严命处方药不能在大众媒体上做广告，但众多过分夸大的医药广告、医师与药商之间的

"灰色关联"以及部分企业自身的信誉问题，使医药企业面临着社会各界的广泛质疑，甚至引发了席卷全行业的信任危机。在严峻的行业大环境中，医药公关的首要任务是实施行之有效的公关策略，帮助企业摆脱来自公众的"信任"危机。

（1）规范传播信息，打破医药营销对药品过分宣传的做法，以普及健康意识和提高疾病防范意识作为公众传播要素。

（2）拓展公众沟通渠道，缩短信息传播途径，增强药品宣传的准确性。

（3）树立组织正面形象，增进公众对组织的信任，建立相对固定的咨询与购销关系。

（4）请"舆论领袖"和医药领域专家权威认证，吸引公众对组织和营销品牌的关注。

活动设计

油漆推销员的公共营销行为

闻名世界的演讲学大师卡内基，在他的著作中曾经叙述过一个真实的故事：有一个油漆推销员为了发展新用户，第一次来到一家油漆大户，想找采购部经理谈谈，劝说他购买自己的产品。可是一连几天登门求见，均被秘书挡驾。推销员实在忍不住就问其原因，原来这个星期六是经理儿子的生日，这两天他正忙着为儿子收集他喜欢的邮票……

【活动形式】分组讨论交流

【创意分享】如果你是油漆推销员，你会怎么做？

任务二　公共关系营销实务

案例导入

第二次世界大战期间，美国有家火柴厂为推销自己生产的火柴，别出心裁地设计了一种"火烧希特勒"火柴。火柴盒的贴面是一幅希特勒漫画像，擦火柴的磷片涂在人像的臂部，擦一次火柴，就像火烧希特勒一次。由于当时人们都非常痛恨希特勒，使用这种火柴似乎也可解人们的心头之恨，因此大家争相购买，使这种火柴一时成了热门货。这一案例表明．借助名人（无论是正面人物或反面人物）可以使得企业或企业产品的信息在公众中迅速传播。

【问题讨论】

分析一下火柴促销策略的公关营销创意。

知识平台

公共关系营销的目的，就在于公众同客户结成长期的、相互依存的关系，发展公众与组织之间连续性的交往，以提高公众信任和巩固市场，促进组织持续发展，实现工作效益最大化。因此，公关营销从业人员必须熟悉组织发展不同周期的不同需要，掌握基于组织发展需要的操作实务。

一、公共关系在市场营销中的运用原则

（1）诚信的原则，组织要在公众心目中树立良好的形象，关键在于诚实守信。诚信是组织获取公众信任、打开市场的关键。

（2）公众利益与组织利益相协调的原则，组织的生存发展不能离开社会的支持，诸如劳动力、资金、生产资料的提供及政府的宏观调控。因此，组织为社会公众提供优质产品和公关活动时必须将公众利益与组织利益结合起来。

二、基于组织发展周期的公关营销

组织的生命周期以组织年龄、规模、成长速度等因素为划分依据，可以将生命周期划分为创业期、成长期、成熟期和衰退期四个阶段，每个阶段都有其独特性。

（一）组织发展阶段的不同特点

1. 创业期 内部人员少，规模小，管理制度不健全，缺乏必要的资金，市场占有率小，市场形象还没有树立起来；企业生存性弱，抵抗力很低，很容易受到来自市场或同行的威胁。

2. 成长期 组织形象逐渐得到公众认可，销售规模快速增加，企业可依赖其增加品种数量或拓展业务范围在市场上立足生存，基本自食其力；企业经济实力增强，企业素质得到全面提高，创新能力也很强，已经形成了自己的配套供货渠道。

3. 成熟期 组织形象具有了一定的市场占有率和知名度，销售规模达到一定水平，企业利润比较稳定，初步完成资本原始积累；装备精良，人才济济：销售商品形成系列化，经济效益很高；企业具有较强的生存能力，一般都已成为行业骨干。

4. 衰退期 企业规模过大，管理层次、幅度增多，组织成本上升；官僚化现象出现，创新意识减弱，决策效率降低；人才外流、人心涣散等等。

（二）不同生命周期的组织公关营销策略

组织的生命发展总是要通过业绩发展来体现的，市场竞争力强的企业，其发展往往是更加顺利，远景也是十分光明的。

1. 创业阶段 公关营销应该以树立企业和营销品牌的形象为主，让消费者认识企业、接受品牌。这一阶段的公关营销应以创牌、开拓市场为目的，创造对企业有利的外部市场环境；鉴于企业处于初步阶段，人力财力不够雄厚，可采取一些低成本的公共营销手段，如可以在一定的地域范围内进行新闻发布、赞助本区域相关的赛事活动、创意征集活动、制造媒介事件等；应网络时代的潮流，企业可以进行网络公关（企业网络赞助活动、制造网络媒介事件、建立网络互动虚拟社区等）。如在蒙牛集团创业期间，面对竞争对手们的排挤和竞争，牛根生启动"中国乳都"的概念，通过公益广告的形式打出"我们共同的品牌—中国乳都·呼和浩特"的口号，在众多场合提到伊利时都把伊利放在自己的前边，在所有的口径上都将内蒙古所有的乳品企业打上"一荣俱荣，一损俱损"的烙印；这样做的直接结果是，蒙牛赢得了政府的支持，使自己的命运和内蒙古的经济发展大局捆绑在一起，抬高竞争对手

的同时保护了自己。

2. 企业成长阶段 公关营销应该以提高企业和产品知名度为主，建立自身强大的竞争优势。这一阶段企业和产品实力不断增强，有了一定人力和财力基础。企业可以在更大的区域内进行公关营销，可以采用大范围新闻发布、赞助大范围大型的活动赛事、创意征集、公益广告等。如广东华南药业集团冠名赞助"华南药业全明星歌会"、香港京都念慈庵赞助了"全国 PUB 歌手大赛"、民生药业独家冠名央视"2006 年我最喜爱的春节晚会节目评选"等，都表现出超凡的营销能力，对其提高在全国的知名度起到了非常重要的作用。

3. 企业成熟阶段 公关营销应该以与时俱进、不断创新为主。使企业不断进步，适应科技和潮流的发展。这一阶段企业和产品都已经具有了相当的实力，发展趋于平稳，要想在这一阶段成为市场赢家。公关营销必须体现出企业和产品的特色，建立企业独特的竞争力；除了采用新闻、赞助、事件之外。企业可以采用电视专题、文化公关策略。江西仁和药业冠名的"仁和闪亮新主播"就是借助湖南卫视这一目前中国最强劲的娱乐媒体平台，巧妙地将企业精神和产品名称融入其中，在节目热播的同时让自身的独特的企业文化价值和产品信息也得到传播。

4. 企业衰退阶段 公关营销应该以回归本真、贴近顾客为主。在维系原有顾客忠诚的同时，努力培养新顾客。这一阶段企业和产品发展缓慢。开始衰退；企业和产品的公关营销活动应该以延长企业和产品生命周期为目的，取得长远发展：该阶段企业也应当采取适宜的内部公关策略十分重要。可以使内部更加团结有力、增强凝聚力。中国有许多历史上很有名气的老字号，在当今市场经济大潮中因没能采取必要的市场策略而落伍。如王麻子牌剪刀等，如果能够采取顺应潮流的营销策略、管理机制，辅之以合适的公关活动，这些老字号或许可以能够在新时代焕发出新活力。

在商品同质化越来越严重、消费者理性程度越来越高的今天，公共关系营销已经成为企业十分重视的内容。随着时代的发展、科技的进步，公共关系营销会演变出更多的形式、花样：网络营销是当今和未来社会的趋势和潮流，相应的网络公关也将会起到非常重要的作用。作为一种强有力的市场策略，企业如果能够通过合适的公关活动来赋予企业和产品深层次内涵、提高其声誉，那么企业的未来将会更加光明。

三、公共关系营销渠道

公共关系营销的渠道丰富多样，包括出版物、产品推介演讲、特定事件、新闻、公益活动、识别性标志、广告、社交活动等。其中"识别性标志"要重点掌握两个方面。

1. 组织识别性及其作用 组织识别性（corporate identity）通常被称为"企业识别"，是组织的标志、符号。英文单词"corporate"意思是"团体"，并不专指"企业"。组织识别性是组织的可识别的统一属性、特征。组织识别性要借助载体才能被视、听觉感官知觉到，招牌、文具、小册子、名片、建筑物、制服、公司的汽车及卡车等是可视载体，旋律、歌曲、音响则是可听载体。

组织识别性标志具有视、听觉特征与含义两个层面。标志是一种特定符号，可以象征和传递某种文化含义。组织识别性传递的文化含义一般是组织文化的核心层，即组织经营的意识系统，包括价值观、经营理念、经营的使命与宗旨、道德标准、行为规范、经营战略思想等。组织识别性的视、听觉特征是指可被人的感官直接感觉、知觉的属性。

组织识别性标志的关键要素包括特定文字及字体、特定图标、特定颜色等。有的标志使用声音或音响作为识别性符号，如学校的校歌，电视台频道、节目的专用旋律等。

识别性标志、符号与特定意识、观念的联系不是自然就有的，而是在人类实践活动、传播过程中逐渐形成的，是文化传播活动的结果。因此，标志、符号的象征意义是与特定文化关联的。例如，在一个社会中，红色表示喜庆，白色表示悲伤，但在另一个社会文化中，可能就不是这样。因此，组织标志的设计要考虑所在社会文化传统约定俗成的符号意义，不要违逆既有的符号与意义的关联。

2. 商标的作用　商标是商品的标志，是用于产品和服务的识别性符号。商标是营销者的一种特殊标志，使用于产品，对于传播品牌、促销品牌、保护品牌具有独特的功能。

商标的营销作用如下。

（1）区别同类商品的不同经营者。

（2）代表品牌，暗示品牌产品的质量和信誉。商标代表品牌，而品牌产品的质量相对稳定，品牌的信誉也相对稳定。

（3）方便消费者认牌购买。

（4）商标本身是一个小广告。

（5）印刷、设计精美的商标可以美化商品。

四、公共关系营销渠道管理策略

1. 完善终端顾客管理体制　应该坚持树立"以顾客为中心"的营销理念，使顾客获得更大的利益。围绕终端顾客的四个基本需求来展开：一是提供好的产品，产品不好就没有市场，会造成终端的资金积压或营销成本上升。二是提高终端顾客的销量，要求生产商给予销售上的支持，帮助终端顾客打开销路，主动帮助终端顾客做宣传，使终端客户与润田公司的名声同时提高。三是实现利润，这就要求组织制定合理的销售政策，给终端顾客让出一块合理的利润空间，加上一些奖励与面向经销商促销活动能极大的激励销售商的积极性。四是提高经营水平，组织对一些实力较差的终端顾客进行有效的销售培训等技术支持。对于实力较强的终端顾客则适当的引导使之能与组织的发展理念相结合。

2. 创建终端客户俱乐部　为了更好地培养新市场对组织深厚感情与和谐的商业气氛，组织需要有计划地与终端客户建立深度战略合作。对经营长久、思维新潮的终端，可与其建立战略伙伴关系，定期举办联谊会、新品发布会、政策阐释会；会间通过新品测试、信息收集、联欢、礼品派送等形式大大增进交流，加强品牌忠诚度，让终端客户了解知道组织大概的发展目标和近期举动，并做出相应的准备。

3. 加强顾客信息的管理　建立顾客信息数据库。首先，应准确获取终端顾客及消费者资料。其次，应建立顾客资料数据库。资料数据库可以实现资料的有序化，加快资料的生成、积累和创新的速度，同时可以消除部门间各自为营、自谋其利的情况，实现组织内有效的资源共享。

活动设计

公共关系营销专题案例收集与分享

【活动目的】

通过活动，了解公共关系营销，分析公共关系营销对组织形象塑造和市场营销的作用，培养学生公共关系营销的意识，以及资料搜集、分析资料的能力和沟通协调表达的能力；

【活动内容】

搜集特定组织的公共关系营销案例进行分析和演示，明确公共关系营销对组织的意义和作用；

【活动工具】

电脑、网络、教材等；

【活动方法及步骤】

1. 学生分组：每个小组限定人数，最少 3 人，最多 5 人；

2. 选定案例：选取组织公共关系营销方面的案例；

3. 学生案例汇总，教师协调敲定遴选案例；

4. 每一小组选出一名组长，负责统筹及同老师的联系沟通；分工以后明确任务与要求，并把案例分析过程及结论用演示文稿的形式表示；

5. 各小组在课堂演示其成果；

6. 教师及全班同学进行点评；

【活动注意事项】

一个案例分析的内容包括：背景、案例主体、案例分析、观点提炼。

目标检测

一、简答题

1. 什么是公共关系营销？公共关系营销和市场营销有什么联系和区别？

2. 简要说说基于组织发展阶段的公共营销。

3. 公共关系营销手段和渠道的应用有哪些？

二、论述题

沈阳某药房连锁有限公司为了方便顾客，规定凡来药店购药者都可办理积分卡。积分卡可以在该药店使用，总店和每个分店都将为持卡者提供周到的服务并给予优惠。每次购药结账时，购药金额全部由计算机记入顾客的积分卡内。当累计购买 500 元的药品时，药店就会赠送 50 元的礼品。办理积分卡不用交费，临走时药店还给新客户赠送纪念品。如果有朋友引荐同去，也会因介绍新客户有功而得到药店的奖品。礼品虽不贵重，但制作精细，让人爱不释手，吸引了不少人。活动的第一天，药店门前插遍彩旗，旗上写着"双倍日"三个醒目大字。"双倍日"是指在这一天顾客凡购买100元的药品，他的积分卡上就按200元以双倍记入，这样顾客就可以在积分卡上更快地积累积分，从而得到药店赠送的更多礼品。

该药房连锁有限公司开展购药积分赠礼制度的目的是什么？

项目七　危机管理

✂ 学习目标

知识要求

1. 掌握危机管理的定义、职能和危机处理的原则。
2. 熟悉危机管理的程序。
3. 了解危机的基本概念、特征、类型和分级。

技能要求

1. 能够制定规范合理的危机管理方案。
2. 能灵活运用危机管理的原则、策略处理危机事件。

任务一　什么是公共关系危机

案例导入

2005 年，国内各大媒体转载英国《旗帜晚报》的一篇报道：包括高露洁等品牌在内的数十种超市商品均含有三氯生，三氯生会和自来水中的氯生成三氯甲烷，而三氯甲烷被美国环保署列为可能的人类致癌物。这则报道是根据美国弗吉尼亚工学院的研究者 Peter Vikesland 的《太爱干净可能对你的健康和环境有害》一文写出的。随着这则消息在中国的传播，高露洁在中国消费者中的品牌信任度急速降低，高露洁牙膏的销量比以前有大幅度下降，销售商持观望态度，随时准备撤柜。面对危机，高露洁迅速成立了公关小组，通过新闻发布会、媒体公关、权威机构认证等一系列迅速诚恳的公关策略，及时完美地化解了这场危机。

【问题讨论】

高露洁面临的是什么危机？怎样形成的？化解危机的成功做法主要是什么？

知识平台

一、公共关系危机与危机公共关系

1. 危机　这里所谓的"危机"与生活中的危机有所不同，它是指突然发生的、威胁到了正常组织的生产经营活动、社会影响比较大、可能损害组织公众形象、属偶发性的事件。例如天灾、爆炸等安全事故以及由于组织管理不善导致的产品质量问题、官司等恶性事件。从字面上我们可以看到，危机代表的是危险和机遇，处理的得当将会为组织带来很大的发展机遇，提高组织的行业竞争力。

案例链接

案例一：2013 年 3 月 15 日，央视"3·15"晚会曝光大众汽车双离合自动变速器 DSG 存在安全隐患。中国一汽大众的迈腾、速腾，上海大众的途安、朗逸等多个品牌都有采用 7 档 DSG 变速器的车型。消息一经报出，消费者反应强烈，众多媒体立即奋进报道。当日，大众汽车公司迅速做出回应，表示高度重视，将以最快速度予以解决。

案例二：如 2009 年，《公益时报》报道让农夫山泉陷入"诈捐门"事件，报道指出：农夫山泉的"喝一瓶水，捐一分钱"支援慈善事业活动存在惊人骗局。每瓶农夫山泉水中的一分钱本该属于"宋庆龄·饮水思源"助学基金的助学款，被农夫山泉无情地侵吞了 4 个月。据保守估计，4 个月的时间，农夫山泉至少卖了 5 亿瓶。也就相当于侵吞了 5 亿个"一分钱"。一时间舆论哗然，农夫山泉声称报道不实，与《公益时报》大打舆论战。

案例一的大众汽车的销售危机，是产品质量问题引发的"消费者反应强烈，众多媒体立即奋进报道"。但有些组织危机不是由产品质量问题引发的，如案例二，这起危机就属于跟产品质量无关，但是对品牌造成了伤害。

2. 公共关系危机　简称公关危机，是指组织遭遇危机，面临公众形象严重受损和社会信誉急剧下降，甚至对生存和发展构成严重威胁等公关失调状态。

3. 危机公共关系　简称危机公关，是指组织在危机状态下，积极沟通协调，以扭转困境，重塑组织形象的公共关系活动。

公共关系危机是一种状态，是对组织所处恶性境遇的描述，而危机公共关系强调的则是努力改变恶性境遇的行为过程。

二、公共关系危机的特征

公共关系危机的本质具有二重性，总是与机会并存，而且可以互相转换。认识和了解公关危机的特征，可以有助于预警防范。

1. 必然性与偶然性　在人类历史中，自然灾害与社会性因素造成的危机事件不断发生，如果人们未采取预防和干预措施，迟早会在某个时间、地点以某个方式发生，这是危机发生的必然性。例如，凡是有汽车奔跑在道路上，就可能发生车祸，而且迟早必然在某个时候某个地点发生。但是，危机的必然性是指总的情况，而每一件具体的危机事件的发生是许多因素综合作用的结果，其中某个因素或某些因素变化了，具体的危机事件就可能不会发生，又体现出具体的危机事件发生的偶然性。事物发展的必然性是通过偶然性开辟道路的。危机管理就是要通过有计划的人为干预，将那些促使危机事件发生的不利因素、隐患因素消除在萌芽状态，阻止具体的危机事件发生，降低危机总体发生的概率，减少具体危机事件的危害，化不利因素为有利因素。

2. 突发性与紧迫性 危机虽然存在征兆和预警的可能性，但危机的征兆一般是隐蔽的，人们不一定能够预见危机，而且危机事件发生的具体时间、地点和方式具有不可预见性。因此，危机事件总是突然发生的。危机事件突然发生后，相关信息不充分，情况往往瞬息万变，留给人们决策和应对的时间很少，必须紧急处理。因此，危机又具有紧迫性。

3. 随机性与可测性 危机在什么时间、什么地点以什么方式发生，事态如何发展，其后果的破坏性多大往往是难以预料的，具有高度的不确定性。涉及危机发生的因素、事物的多方面的联系难以预见，支持处理危机事件的资源一般是不足的，因此，危机事件的进程和结果具有高度的不确定性。

但是危机的发生的原因也存在一定的规律性因素，通过对这些规律性因素的研究可在一定程度上预见危机发生的征兆，这就是危机的可测性，例如，我们可以预见，如果燃油与易燃物堆放在一起的话，就很可能发生火灾事故，反之，如果将燃油与易燃物隔离，就可能大大降低火灾发生的可能性。

4. 公众性与聚焦性 一个组织，不论是赢利性组织，还是非赢利性组织，或者是政府的机构，与社会公众有着千丝万缕的利害关系、共生关系。一般来说，组织的危机事件不但损害组织内部公众的利益，也会损害外部公众的利益，公众会对整个事件高度关注。

由于现代传播媒体十分发达，组织的危机情况以及如何处理危机会迅速传播，成为各种媒体报道和热评的素材，迅速发酵为媒体事件，成为舆论评论的焦点。公众不仅关注危机本身，更关注组织的处理态度和行动。媒体对危机如何报道极大地影响着公众对危机、组织的看法和态度。

5. 破坏性与建设性 危机事件发生后必然会给组织造成严重的破坏，但处理危机的过程也是体现组织决策能力、应变能力的时机，更是展示组织形象、塑造组织形象的难得的机遇。抓住这个机会，就会使坏事变好事，迅速提高组织的知名度、美誉度。组织在处理危机事件中体现出的诚实、诚恳的态度、作为一个"社会公民"的社会责任心，训练有素的行动能力，快速有效地降低危机事件危害的措施，会给公众留下很好的印象。

三、网络时代公共关系危机的新特征

1. 危机爆发节点性 大众麦克风时代，使行业揭黑不再是专业记者与媒体机构的特权，每一个网民都有可能成为行业的"危机杀手"。

2. 危机传播即时性 危机一旦初露端倪，信息便以"秒速度"在互联网的各节点间交互流通。

3. 危机扩散纵深性 "人肉搜索"大行于世，公众的信息关注与舆论传播已超越事件本身，而是对于涉事人物与相关事实的深度挖掘。

四、公共关系危机的诱因

诱发公共危机的原因是复杂多样的，加上不同学者研究的视角不尽相同，分类标准也是差异很大。大体可以分为：灾害性危机事件，如地震、洪水、台风等；事故性危机事件，如重大安全和环境污染事件（毒奶粉危机，SAS 等）；政治危机事件，如涉及国家主权领土安全等；经济危机事件，比如金融危机、经济萧条；突发性社会安全事件，比如战争、恐怖袭击等。还应该从组织管理的角度分清责任主体，明确处理原则。

（一）导致公共关系危机的外部原因

（1）不可抗力因素造成的自然灾难，或由人为原因造成的重大事件、事故，如恐怖活动、抢劫事件、医疗事故、车祸、客机失联等。

（2）政治制度、经济政策、法律法规等社会性因素变化，造成的危机。

（3）媒体失实报道引起的危机。

（4）其他人为因素造成的危机。指组织的活动、行为等社会性因素引起的危机。

（5）根据公关危机带来损失的表现形态，分为有形公关危机和无形公关危机。

（二）导致公共关系危机的内部原因

（1）缺乏危机管理意识，没有危机管理计划。

（2）危机管理粗疏，计划缺乏系统性，危机管理措施不完善。

（3）人员缺乏危机管理专业知识与技能，缺乏必要的人员应急训练。

（4）缺乏公关管理的基本观念，不善于处理与公众的冲突。

（5）产品（包括服务）质量差，客户抱怨，不能善待客户。

（6）领导无方，内部严重冲突，技术骨干大量流失。

（7）资金断裂、欠债。

（8）核心技术落后，产品被市场淘汰。

（9）生产安全措施欠缺或不完善。

五、公共关系危机的分期与分级

（一）公共关系危机的分期

国内外学者对危机发展的过程划分为若干个阶段，但具体划分的阶段不完全一样，名称叫法也不一致。

1986 年，斯蒂文·芬克提出了危机传播四阶段论，即潜在期、突发期、延续期和解决期，四阶段论揭示了组织危机的生命周期。潜在期是危机最不为人所知的阶段，存在某种不易觉察的征兆；危机突发期危机爆发，时间最短，但它对人们心理造成的冲击也是最严重的；危机延续期是四个阶段中时间较长的一个阶段，有效的危机管理将会极大地缩短这一阶段；在危机解决阶段，组织从危机的影响中完全解脱出来。

国内公关学者纪华强认为，公共关系危机发展一般经历突发期、扩散期、爆发期和衰退期等四个阶段。突发期是危机事件突然发生。扩散期是指危机负面影响逐渐扩散开来的阶段。危机的爆发期是指危机在扩散、聚集到一定程度后，其影响突然迅速增强，形成巨大的冲击的阶段。危机衰退期是指社会关注急剧下降或转移，危机影响程度逐渐衰落的阶段。

综合国内外学者关于危机发展阶段的观点，我们把公关危机发展分为潜伏期、突发期、延续期、高峰期和衰落期等五个阶段。

潜伏期是危机事件尚未发生，但已经出现可能发生危机的因素、线索的阶段。

突发期就是危机事件刚出现的阶段。

延续期是危机事件的负面影响继续发展的阶段。

高峰期是危机影响面最广、作用力最大的阶段，社会公众、媒体关注聚焦，呈一触即发状态。

危机事件经历社会关注的高峰之后，公众和媒体的关注逐渐下降或转移，危机事件进入衰退期。

（二）公共关系危机的分级

为了便于危机管理，需要按照危机的危害程度划分为若干级别，根据危机的几个级别分别制定应对计划。社会组织应根据自身的情况，制定本组织相应的危机管理计划。我国为了有效管理危机，制定了《国家突发公共事件总体应急预案》，按照各类突发公共事件的性质、严重程度、可控性和影响范围等因素，将危机事件分为四级，即Ⅰ级（特别重大）、Ⅱ级（重大）、Ⅲ级（较大）和Ⅳ级（一般），依次用红色、橙色、黄色和蓝色来表示。根据"能力本位"和"重心下移"的分级管理原则，特别严重、严重、较严重和一般严重突发公共事件，分别由中央级、省级、市级和县级政府统一领导和协调应急处置工作。

活动设计

【角色情景】

你所在的组织应企业产品质量问题引发公关危机，你是公关部经理。

【小组讨论】

如何带领你的团队开展危机公关？

【活动指导】

首要的就是马上停止产品在市场上的流通．对已经销售的存在质量问题的产品进行回收。对库存产品进行严格的质检。同时，要派遣人员调查该事件的原委．弥补已造成的损失。如果是服务环节出了问题，首先要安抚客户，稳定客户的情绪，了解事情的始末后，要求服务人员当面对客户致以诚挚的道歉。公关部门经理或部门负责人要代表企业向客户道歉，如果有需要，可以根据实际情况给予客户一定的物质补偿，尽力挽留客户。

任务二 什么是公共关系危机管理

案例导入

1996 年，湖南老汉喝完三株口服液之后去世，其家属向"三株"提出索赔，由于"三株"经过调查发生并非企业责任，拒绝让步赔偿，遭到拒绝之后的家属最终将"三株"告上法庭，三年的官司缠身，"三株"虽然最终获胜，然而却全面丧失了消费者对其的理解和信任，最终"三株"公司的销售基本停止，退出了市场。

【问题讨论】

如果"三株"能在调查的同时，适当让步，还会引发的危机吗？

知 识 平 台

一、公共关系危机管理定义

所谓公共关系危机管理，是组织从业人员对突发的事件或可能突发的事件的事前预防及事后处理的过程。是指组织对可能发生的危机进行预警、预防规避，对已经发生的危机事件进行控制、处理、化解和善后处理的管理活动。

二、公共关系危机管理程序

从时间序列及工作内容上可以划分为"危机预防阶段"、"危机处理阶段"、"危机善后阶段"三个相对独立的阶段。

三、公共关系危机管理职能

公关危机管理职能在危机发生过程的不同阶段应该有所不同：在危机潜伏期，要尽早发现危机可能发生的因素；在危机事件未发生前，要消除隐患，尽量使危机事件不发生；当危机事件发生后，要尽可能在刚发生的时候就消除危机影响的扩散，缩短危机影响延续的时间，缩小危机影响的范围，降低危机事件的危害程度，做好危机事件过后的善后工作，改善组织内外部环境，变不利因素为有利因素。

危机事件的发生和进程，包含确定性（可预测）因素与不确定性因素，因此危机管理的决策方式，除了使用程序化决策处理确定的问题外，还必须使用非程序化决策方式迅速应对新的问题和难以预料的问题。

程序化决策是面对可预见的问题，根据已制定的规则和程序，采取已经规定的措施，是常规决策。危机管理很重要的工作就是做好危机的事前准备工作，一旦危机事件发生，立即启动早已准备好的方案、程序，有条不紊、快速展开危机处理工作。非程序化决策则是面对不确定的问题，根据新情况和事态的变化进行临时决策，决策后采取相应的措施，是非常规决策。一旦危机事件发生，首先应迅速启动组织事前制定的危机管理方案，并根据危机的实际情况，采取相应措施。因此，从决策类型来看，危机管理的过程，是综合使用程序化决策与非程序化决策的过程。

知 识 链 接

澳大利亚管理学家罗伯特希尔斯认为，危机管理包含事前、事中、事后诸环节。有效的危机管理，需转移或缩减危机的来源、范围和影响，提高危机初始管理的地位，改进对危机冲击的反应管理，完善修复管理以便迅速有效地减轻危害。

四、公共关系危机管理原则

1. 承担责任原则　危机发生后，组织应该站在公众的立场上表示同情和安慰，并通过新闻媒介向公众致歉，解决深层次的心理、情感关系问题，从而赢得公众的理解和信任。组织绝对不能选择对抗，态度至关重要。

2. 真诚沟通原则 组织处于公共关系危机漩涡中时，是公众和媒介关注的焦点。一举一动都将接受质疑，因此千万不要有侥幸心理，企图蒙混过关。而应该主动与新闻媒介联系，尽快与公众沟通，说明事实真相，促使双方互相理解，消除疑虑与不安。

3. 速度第一原则 在危机出现的最初 12~24 小时内，消息会像病毒一样，以裂变方式高速传播。而这时候，可靠的消息往往不多，社会上充斥着谣言和猜测。媒体、公众及政府都密切注视公司发出的第一份声明。因此公司必须当机立断，快速反应，果决行动，与媒体和公众进行沟通，从而迅速控制事态，否则会扩大突发危机的范围，甚至可能失去对全局的控制。

4. 系统运行原则 在进行公共关系危机管理时必须系统运作，绝不可顾此失彼。公共关系危机管理的系统运作主要是做好这几点：以冷对热、以静制动；统一观点，稳住阵脚；组建班子，专项负责；果断决策，迅速实施；合纵连横，借助外力；循序渐进，标本兼治。

5. 权威证实原则 自己称赞自己是没用的，没有权威的认可只会徒留笑柄。在危机发生后，组织不要自己整天拿着高音喇叭叫冤，而要曲线救己，请重量级的第三者在前台说话，使消费者解除警戒心理，重新建立信任。

活动设计

危机事件概述：2011 年 6 月 20 日，郭美美在网上公然炫耀其奢华生活，并称自己是中国红十字会商业总经理。次日凌晨，"郭美美 Baby"发布一条炫富微博，并与"郭长江 RC 一"的未认证微博互相关注。6 月 24 日，中国红十字会总会称没有"红十字商会"，也未设"商业总经理"职位。7 月 1 日，网友相继在微博上爆料，称中国红十字总会与其他商业组织存在项目来往。7 月 2 日央视一档调查节目质疑，项目来往可能产生灰色地带，让慈善变成牟求私人暴利的手段。7 月 7 日，北京警方声明，郭美美与中国红十字会无任何关系。

事件影响：社会捐款数以及慈善组织捐赠数额均出现锐减。6 月全国社会捐款为 10.2 亿元，而 7 月为 5 亿元，减少了 5.2 亿元，降幅接近 51%。慈善组织 6 到 8 月接收的捐赠数额降幅更是达到 86.6%。中国红十字会陷入慈善信任风暴，资金匮乏，影响正常救助工作开展。

【活动要求】
从郭美美事件看中国红十字会的公共关系危机管理

任务三 公共关系危机管理实务

案例导入

3 月 16 日，大众汽车集团（中国）、大众汽车（中国）销售有限公司、一汽大众和上海大众发表联合声明，对相关 DSG 车型实施主动召回。18 日，大众汽车正式向国家质检总局提交召回申请。20 日，国家质检总局批准了该申请，相关召回行动于 4 月 2 日正式启动。据统计，召回涉及车辆共计 384 181 辆，大众汽车免费为召回车辆更换机电单元。

从 15 日晚被曝光，16 日发联合声明回应，到正式启动召回 DSG 车型，大众汽车公司在很短的时间里完成了危机应对。

【问题讨论】

本案例中公关危机管理的成功做法是什么？

知识平台

一、公共关系危机管理的基本策略

危机一旦爆发，组织选择恰当的危机处理策略，利于解决危机的成效，降低危机带来的损害或负面影响。

1. 危机中止策略　中止策略即根据危机发展的不同原因、不同程度、不同范围及其发展的趋势，审时度势，顺势而为，主动承担某些损失。譬如企业发生产品质量危机时，一般都会实施中止策略——停止销售、回收产品、关闭有关工厂或分支机构等，主动承担相应的损失，防止危害范围进一步扩大。

2. 危机隔离策略　隔离策略是将危机的危害限制在一定的范围内。如火灾发生后，采取果断措施切割火场，以避免"城门失火，殃及池鱼"。如对于一些多元化经营的企业，在某一产品线上发生信任危机，为了避免对其他产品造成不利的影响，及早发布关于该产品的危机信息，避免公众的不信任扩散到其他产品。

对危机的隔离应该从发出警报开始。报警信号应该明确危机的范围，以便使其他部分不被影响，同时也为处理危机创造有利条件。报警信号的准确无误才能使危机处理人员确认危机到底在什么地方发生。

案例链接

双汇集团筑起防火墙

双汇集团处理"健美猪"危机舆情，把已经曝光的问题与集团分离，采用了在事发单位与集团之间筑起一道防火墙的隔离做法，有效地保护了"双汇"品牌。

2011 年 3 月 15 日，中央电视台在"3·15"消费者权益日播出了一期《"健美猪"的真相》的特别节目，曝光河南济源双汇公司使用"瘦肉精"猪肉的事实。双汇集团是以肉类加工为主的大型食品集团，在国内肉类加工食品市场上首屈一指。事件发生后，面对汹涌的舆情，双汇集团发布致歉声明，承认央视报道属实，同时责令济源工厂停产自查。集团董事长万隆在接受媒体采访时表示"瘦肉精事件是上游产业链中养殖环节出现的问题。"双汇集团还通过媒体披露："济源工厂个别员工内外勾结，为牟利而绕过严格的管理制度，钻了严格管理的空子。"同时表示"瘦肉精"事件是济源双汇单一工厂的问题。针对含有瘦肉精的生猪流入济源双汇的问题，双汇集团表示济源工厂已回收所有产品。

通过一系列信息披露，双汇集团先向社会公众表明"瘦肉精"事件是个别不法分子的行为，再把济源事件界定为"单一工厂问题"，与整个双汇集团隔离，撇清双汇集团的责任，有效地防止济源的个案成为整个双汇集团的共同作案，避免了舆情火势蔓延到集团。

3. 危机消除策略   消除策略也称为排除策略，危机排除策略是指采取措施消除危机所造成的各种负面影响，既可能是物质上的，如生产场地遭到破坏，产品大量积压，产品质量出现问题等，也可能是精神上的损失，如公众对产品产生疑惑、信心不足、士气低落、企业形象受损等。排除方法可以是物质的或者是文化的。以物质措施排除危机是物质的方法，例如，如投资新工厂，购置新的设备来改变生产经营方向，提高生产效益。通过企业文化、行为规范来提高士气，激发员工的创造性，是文化的方法。

案例链接

麦当劳开放厨房

《东方早报》2005 年 5 月 20 日一篇题为《麦当劳首次开放厨房》的文章报道：苏丹红事件后，洋快餐的食品安全成为消费者关注的焦点。昨日，麦当劳启动"汉堡开门"食品安全之旅活动，首次将餐厅厨房推到了公众的视线面前，记着第一时间零距离见证了生菜、肉饼变成汉堡的全过程。今年内，麦当劳餐厅厨房还将逐步向学生、企业、政府、媒体开放。对于此次麦当劳开放厨房的原因，上海麦当劳公司高层否认与苏丹红事件的影响有关。

原来，2005 年 3 月 15 日，在肯德基新奥尔良烤翅和新奥尔良烤鸡腿调料中发现了微量苏丹红（1 号）成分并被媒体曝光，使洋快餐成了舆论关注的焦点。麦当劳在这样的大舆论背景下开展"开放厨房"活动，向社会和消费者展示企业形象。

苏丹红事件逐渐平息后，麦当劳向媒体开放供应商原料生产线，邀请记者参观麦当劳生产车间，让记者亲眼目睹生产过程，邀请他们向消费者展示麦当劳的新形象。记者有一段精彩的细节描述："十几个媒体记者卸下手表、项链，换上厚厚的棉衣制服和胶鞋、戴好口罩、头套、手套，确保不露出一丝头发，经过洗手、消毒、风淋间等复杂的消毒程序后，才得以进入位于嘉定的麦当劳生菜和肉类供应商的生产车间。这里常年保持 1-4 摄氏度，生菜经过严格的消毒程序，而牛肉饼更是经过 40 多项检测才能出厂。"

媒体如此生动地讲述麦当劳"开放厨房"的活动，向社会和消费者传递的潜台词是：严格管理的麦当劳让消费者放心，请您尽情地享用麦当劳。

麦当劳利用参观展示企业形象，在潜移默化中消除负面舆论影响。

4. 危机利用策略   利用策略是指把危机事件变成改革组织、展现组织形象的机遇。如承担危机的责任、处理危机的能力等，可以展现组织良好的形象。经过危机事件后，组织的缺陷暴露出来，其实是组织变革的一个契机。危机事件过后，如果组织成员能认真总结经验，吸取教训，提高危机意识，改善组织文化，组织就会向好的方向发展。

案例链接

1985 年 4 月，海尔集团首席执行官张瑞敏收到一封用户的投诉信，投诉海尔冰箱的质量问题。于是，张瑞敏到工厂仓库里去，把 400 多台冰箱，全部做了检查之后，发现有 76 台冰箱不合格。不合格的这批冰箱怎么处理？检查部的回答是内部处理。而张瑞敏说，如果这样的话，就是说还允许以后再生产这样的不合格冰箱。就这么办吧，你们检查部门搞一个劣质工作、劣质产品展览会。于是，他们就搞了两个大展室，在展室里面摆放上那些劣质零部件和劣质的 76 台冰箱，通知全厂职工都来参观。员工们参观完以后，张瑞敏把生产这些冰箱的责任者和中层领导留下，就问他们，你们看怎么办？结果大多数人的意见还是比较一致，都是说最后处理了算了。

但是，张瑞敏却坚持说：这些冰箱必须就地销毁。他顺手拿了一把大锤，照着一台冰箱，咣咣就砸了过去，把这台冰箱砸烂，然后把大锤交给了责任者，转眼之间，76 台冰箱全都被销毁了。张瑞敏还带头扣掉了自己当月的工资，以做警戒。

砸冰箱事件，为海尔内部公众树立了诚信营销的观念，明确生产的产品必须是好产品、合格的产品，不合格的产品就是废品的经营理念。同时，此次事件为海尔赢得了外部公众的信任和口碑。

5. 危机分担策略　分担策略是指将危机的风险承受由单一承受变为由多个主体共同承受。如合资经营、合作经营、发行股票等，就是由合作者、股东来共同分担企业危机。如咨询顾问业过去以投入的时间来向客户收费，现在的趋势是共同分担风险，也就是作策略性股东，以收取客户公司的股票来交换部分佣金报酬。

6. 避强就弱策略　由于危机损害强弱有别，在危机不能一下子根除的前提下，相比取其轻的思路，就是要比较理智地选择危机损害小的策略。

活动设计

【活动主题】

中国政府有效地应对汶川特大地震危机事件

事件概述：2008 年 5 月 12 日 14 时 28 分，四川省汶川县发生里氏 8.0 级特大地震，造成四川、陕西、云南等 10 个省（市）、417 个县（市、区）、4667 个乡（镇）、4625.7 万人受灾，一瞬间，数千万房屋倒塌损坏，数万人遇难或失踪，数十万人受伤，数千万群众失去了家园。灾难发生后，党和政府急灾区人民之所急，展开了一场规模空前的人道主义救援行动。中国政府和人民面对灾难所表现出来的空前团结、空前坚强、空前透明，空前真实，令国人感动，让世界动容，受到了国内外舆论的广泛好评。

【主题讨论】

中国政府如何有效地应对汶川特大地震危机事件。

【活动步骤】

1. 全班学生分 4 组；

2. 教师指导学生从"危机事件新闻发布会"、"灾区临时安置和生活保障"、"推行救灾新政"、"爱心汇聚和款物监管"这四个方面收集整理资料；

3. 课堂上学生自由发言；

4. 由学生进行归纳整理；

【目标要求】

1. 教师引导学生从资料搜集分析中整理出此次应对危机事件的经验和教训；

2. 引导学生结合新闻发布会考察危机事件新闻发布会的特殊性；

3. 引导学生初步感受危机事件处理的过程和原则，为学习下一任务做好准备。

二、公共关系危机管理基本内容

"凡事预则立""防患于未然"，危机管理不是指在危机爆发之后才展开的临时应急行动，而是要求从平常开始就应当建立的一系列制度。危机管理在危机预防、危机处理和危机善后等不同的阶段应该有不同的工作内容，组织应将危机应对逻辑嵌入整体发展战略。

（一）危机预防管理

危机预防管理是在危机事件发生前做好预防工作，划分为预警与准备两个部分，具体任务包括树立危机意识，建立危机预警机制、预防危机的人财物方面的资源准备，制定危机应对方案。预防的主要措施包括成立危机管理领导小组和危机处理小组、制定危机管理预案、实施危机预警措施、编写出版危机管理手册、危机预案演习、危机管理意识与能力培训以及储备危机处理所需的设施、设备等。

1. 危机管理领导小组与危机处理小组　较大规模的组织应当建立一个危机管理领导小组和危机处理小组。领导小组全面负责领导组织的危机管理工作。危机管理领导小组的成员包括组织的最高领导人和若干高层管理者以及相关部门的负责人，这些成员一般都是兼职的。

危机处理小组是危机管理领导小组的执行机构，负责在平时监测、预警危机，在危机事件发生后执行危机处理的各项工作任务。危机管理小组成员应包括组织的公关部门的人员、相关部门的负责人及其成员。危机处理小组的成员构成可以由两部分人员组成：一部分人是专职的，大多数是兼职的。专职的人员应当是具备公关专业知识与技能的人员。平时专职人员负责监测和预警危机。当危机事件发生后，兼职人员立即按照事先制定的方案与程序进入小组的岗位，与专职人员一道参与危机处理工作。

危机发生后，危机处理小组的主要职能如下。

（1）执行危机管理领导小组的指令，负责执行危机处理工作任务。

（2）危机事件的现场调查、信息收集、信息传递。

（3）协调、指挥、使用危机处理所需的人、财、物等资源。

（4）向危机管理领导小组报告危机事件的发展与危机处理工作进展。

（5）与媒体沟通。

（6）与公众沟通。

（7）向组织各部门和员工通报危机处理进展情况。

2. 危机管理计划与危机管理手册　危机管理计划（预案）是危机管理行动的指

南。危机管理计划要有系统性和可操作性，并留有余地。危机管理的系统性要求危机管理计划要全面，对危机管理的事前预防、事中处理和事后善后都要有计划，三个阶段的工作能够衔接。计划的可操作性要求计划中的规定不仅有原则性的规定，也有详细的操作规范，以便操作。可操作性还要求危机计划要有标准的报告流程、清晰的业务流程、危机管理的目标优先序列、必要的危机管理预算和定期对计划进行检查及其变动方面的内容。留有余地是指计划中预算的资金、人力、物质、时间、空间等资源要适当充裕，留有余量，以便应对难以预料的情况。

为了应对可能的多种情况，危机管理计划应制定几种预案。如美国在 1991 年发动第一次海湾战争时，一家危机公司为美国政府模拟了 128 种可能出现的危机并逐一进行分析其爆发率并制定相关的预案。

危机管理手册是对危机管理的各项工作的简明说明和指南。这种小册子是供组织成员，包括领导层和基层员工阅读的。目的是使组织成员人人熟悉危机管理的知识。

3. 危机管理的培训　危机管理的培训工作包括危机意识的培养和危机应对技术、能力的培训。

在危机意识的培养中，要从以下几个方面强化组织员工的危机意识。

（1）树立组织的危机随时可能发生的意识。

（2）树立不注意细节就可能导致组织危机的意识。

（3）树立在日常工作中防范危机的意识。

（4）树立从"我"做起防范危机的意识。

（5）树立危机管理是每个员工的责任的意识。

（6）树立主动报告危机潜在因素的意识。

危机管理意识与技术能力的培训，可以采取集中演习与日常分散培训的方式。

危机预案的演练方式，主要是实战性演习和桌面演习。演习不仅可以强化居安思危的意识，同时也可以强化各个职能部门及工作人员之间的应急联动、协调、应对能力，还可以发现预案的问题与不足，以便修正预案。组织全体员工集中演习时，组织最高领导人要亲自参加，各级各部门负责人也都要参加，领导人应带头树立危机管理无小事的危机意识。

除了演习，还可以利用专题讲座、观看影视片、小组讨论、专家指导等形式进行培训。平时的危机处理技能培训对于危机事件发生后人们的应对能力非常重要。例如，"9·11"恐怖主义袭击时纽约世界贸易中心双塔里面的工作人员超过两万，撤离人员中只有几个电梯可以使用，但是在遭受袭击到倒塌的一两个小时中，大部分人有序而安全地撤离。这与美国人通过训练和教育而熟悉紧急疏散过程，有较高的心理素质和处理能力是密切相关的，这与 1993 年世贸中心已经遭遇到一次炸弹爆炸，有过一次紧急疏散的经验也有关系。我国 2008 年 5·12 汶川大地震安县桑枣中学师生无一伤亡，这缘于桑枣中学校长从 2005 年开始每学期都要在全校组织一次紧急疏散的演习。由于经常性演习，地震发生后，全校共计 2200 多名学生，上百名老师，从不同的教学楼和不同的教室中，全部冲到操场，以班级为组织有序站好，学生没事，老师们都没事。

4. 建立预警机制　任何危机管理的预防工作必须包括建立危机预警机制。危机预警的工作任务是对危机相关信息进行收集、分析、整理、传递和管理。

危机的预警是指组织对危机的潜在因素和征兆做出检测和评判，并据此向相关部门发出紧急信号，报告危险情况，以避免危机发生和及早对危机进行干预，降低危机的危害的管理行为。

危机预警机制的系统由危机监测系统、危机预评估系统和危机预报系统三个子系统组成。

危机监测系统主要有三项任务：一是对信息的监测，分析风险信息；二是收集关于利益相关者对危机反映的信息；三是收集整理相关历史资料、案例资料、参考文献，以及应对危机所需的关于本组织的资料和文件，做好相应的知识储备。

危机预评估系统主要包括三个方面的任务：一是分析危机可能的发展进程，对危机产生的诱因、演变过程、发展趋势做出预期分析；二是评估危机可能的危害程度，估算潜在损失、可能的损害对象和方式；三是做出化解危机的可行性报告，指明应对危机所需要的主客观条件和资源，对危机预控的可行性策略提出建议。

危机预报系统是根据危机监测与预评估的结果，就危机的情况随时向组织内外部公众发出预警，以及时采取预控措施。

危机预警工作最好有专门机构负责。负责危机预警的机构可直属于组织的危机管理领导小组，也可在危机处理小组内设置一个机构。规模小的组织一般无法设置一个专门的危机预警机构，但应指派人员负责这项工作。

危机预警机制建立起来后就要立即开展预警工作，收集、分析、整理、传递和管理危机相关信息。

危机预警信息经过整理后，应定期与不定期向危机管理领导小组汇报。重大的危机信息应立即向危机管理领导小组汇报。获得危机信息后，由危机管理领导小组召集会议来辨别和判断潜在危机的性质，必要时可请组织内外部的危机管理专家或相关专家提供咨询建议，以便比较客观地对危机信息作一个预估的判断。

危机舆情处在潜伏期是危机预防最佳时期，也是危机处置最容易、成本最低的时期，但是这个时期的危机迹象也是不易被察觉到的。危机预警的目的是及早发现导致危机的因素，及早消除危机隐患，即使不能阻止危机事件的发生，但至少能够更及时、更有效地应对危机事件，极大地降低危机事件的危害程度。危机预防的准备工作要尽量做到最好，消除或远离自身危机爆发的诱因。譬如企业实施的零缺陷管理，通过提高工作标准的方式来解决大量的小问题或小错误。在危机诱因不能完全排除的情况下，通过各种措施将危机诱因控制在一定的限度和范围之内，尽可能减轻危机爆发后的直接危害程度，如建筑物内的防火墙就是缓解策略的典型运用。

案例链接

2007年12月，三鹿就陆续收到消费者的投诉。直到2008年5月17日十三路客服部门才以书面形式向集团董事长及领导班子做汇报，20日成立了技术攻关小组，开始研究这一问题，结论是可能含有假蛋白物质，但没有明确是三聚氰胺。这样，三鹿失掉了一个危机处理的第一个机会。其次，预警失灵。三鹿随后向河北省检验检疫局送检，河北省检疫部门显示，送检的16个批次奶粉样品中15个批次被检出三聚氰胺。8月2日三鹿经营班子扩大会议决定，以换货形式换回市场上含有三聚氰胺的产品。这期间，三鹿集团仍然生产销售含有三聚氰胺的产品。这样，三鹿失掉了第二个处理危机的机会。最后，报警失传。《东方早报》记者在负面报道见报前，曾经打电话给三鹿集团传媒部员工，这位员工只是做了没有说服力的辩解，使记者感到失望。这样，三鹿集团丧失了最后一次危机解决的机会。于是，新闻危机全面爆发。

【案例分析】三鹿集团曾经有三次纠错的机会，可惜都被忽视了。一个很重要的原因就是危机预测预警缺位、失灵，系统运行不畅。三鹿集团危机公关的防线就这样崩溃了，转眼之间，"三聚氰胺"事件被媒体这个星火点燃，危机全面爆发，毁灭了乳制品行业这个"带头大哥"，"三鹿"这颗曾经的"明星"无可奈何地陨落了。

2008年三鹿集团的毁灭，一个重要的原因是危机预测失误、预警失灵、预报失传。

（二）危机处理管理

危机处理是指在危机事件发生后直至危机衰退过程中对危机事态的控制和解决，危机处理阶段的管理措施是否到位，管理方案是否科学，直接影响组织控制和解决危机事态的效果。

1. 危机处理的原则

（1）诚实协调沟通　向公众、媒体传播危机事件的信息时，应诚实、坦率，将掌握的所有信息完整迅速向公众发布。不能对公众和媒体隐瞒危机相关的信息。坦率地向公众和媒体说明真实情况。危机事件来临时，如果组织保持沉默或者回答"无可奉告"，会使大多数的公众认为组织默认有罪。沉默还会激怒媒体。

（2）及早公开真相　危机事件发生的初期，如果组织不主动传播真实信息，那么各种小道传闻就要填补公众的信息空白，不利于组织的流言就会迅速传播，其结果就是严重损害组织形象。特别是在当今网络时代，信息传播具有速度快、覆盖面广、渠道不可控等特点，可供组织公开真相的时机转瞬即逝。例如，关于组织某产品存在质量问题的传闻，会使公众拒绝使用该组织的一系列的产品，这时候，组织如果及早向公众和媒体传递产品质量的真实信息，可以终止谣言，公众的疑虑和紧张会缓和下来，这样可避免危机事件的危害扩散，缩小危害的范围，避免了危害扩大到其他没有质量问题的产品系列。

（3）勇于承担责任　是自己的责任，就要勇于承担责任，不要企图逃避或推卸责任。承担责任当然要依据法律的规定，但是在组织形象与法律诉讼之间必须谨慎权衡。关于责任的认定的法律诉讼可能会减轻组织的责任，但与消费者诉讼的新闻报道会极大地损害组织形象，因此与消费者的法律争讼不是公关优先的选项。

（4）表达同情关心　对公众要抱有同情心，关心公众的利益。对受到损害的人必须表达诚恳的同情和关心。真诚表达同情与关心才能赢得公众的信任。同情和关心要体现在言语沟通方式和实际行动上。

（5）积极采取行动　组织对危机事件的处理要采取积极的行动，并告诉公众组织正在采取的行动和准备采取的行动。积极行动的具体措施包括五个方面的工作：

① 向可能受危机事件影响的公众公开说明事件的严重程度和后果；

② 向公众提出降低事件危害的行动建议；

③ 找出危机事件发生的原因；

④ 启动危机处理方案；

⑤ 向公众告知组织已经采取了危机处理方案；

⑥ 快速反应，速度第一。

危机事件发生后，要立即启动事件前已经制定的危机应对方案，发生时把握"黄金时间"。此时最关键的问题就是先控制危机事态，尽早消除危机或者降低危机的危害。

在快速反应原则的指导下，很多组织对危机处理的行动时间有明确的要求，如美国国家半导体公司对付危机的行动步骤中要求：

在危机发生的 10 分钟内：

① 安全人员必须通知危机协调人员和企业公关部门；

② 协调人员再通知出事现场驻地的总监或经理、指定的发言人（如果不是总监或经理的话）、驻地公关联络人员和危机记录人员。

在危机发生的 20 分钟时间内：

① 通知危机支援团体成员；

② 起草临时声明并按照雇员传播的规则发送到雇员的手里。如有必要，也可发送到外部与企业利益相关的任何人；

③ 通知电话总机以便危机团队有专人负责接受和答复有关危机的提问，记录任何有关危机的电话问询；

④ 专门指定和设立"指挥中心和作用"和"媒体中心"，让危机管理团队人员知道这些中心的存在；

⑤ 按事情发生的次序记录危机的过程以及危机询问的答复；

在危机发生的 30 分钟之内：

① 开始与企业公关部门或公关公司专门人员协调对内对外声明的制定；

② 随时随地关切雇员并尽力回答他们的提问；

将时间安排精确到分的程度恰恰是体现了危机处理"速度第一"原则要求。

案例链接

2010 年 6 月 6 日，央视报道"问题阿胶"使阿胶企业陡然面临险境，举步维艰。东阿阿胶在应对这场突如其来的"危难"中，采用邀请记者到企业采访，通过媒体向公众展示企业的软、硬实力和文化理念，让人们从中看到一个管理严格、有品位的企业。东阿阿胶从"问题阿胶"抽身而出，还不失时机地抓住危机传播机会，提升企业声誉，扩大了市场份额。

中央电视台《每周质量报道》关于"问题阿胶"的报道，披露"下脚料冒充驴皮，问题阿胶猫腻多"。随着电视镜头的展示，电视观众看到的是"已经晒干的下脚料，一部分堆放在露天的院子里，更多的堆放在车间浸泡皮子的池子里。车间里污水横流，有的下脚料已经腐烂变质，甚至都长蛆了。这些已经腐烂变质、混杂着不同皮革的下脚料经过浸泡后，被放入一种木制的大滚筒里进行冲洗。之后就放入化皮炉蒸化。皮子经过蒸化，再倒进敞口的大锅里熬制。熬出的胶浆倒入容器后，没有任何防灰尘、蝇虫等方面的措施，就放在车间门口地上冷却。冷却后经过切片，就制成阿胶片。"

拥有2500年历史的中药阿胶，因其独特的滋补疗效广受大众欢迎。媒体曝光阿胶造假，将阿胶一下子推向绝境，也把阿胶行业老大、上市公司——东阿阿胶推到了舆论的风口浪尖。

这场新闻危机中，阿胶原料问题和生产工艺是关注的焦点。应对这场危机，东阿阿胶采取了3个步骤。第一步，邀请记者参观阿胶产品生产线，向记者展示被整整齐齐地码放在固定存放场所的驴皮，驴皮原料有专人打理，微机化皮、印字、擦胶、包装等一道道工序都有工作人员在岗值守。眼见为实，公司向记者展示的是管理井然有序的东阿阿胶形象，这体现了公司的产品价值。第二步，举行新闻发布会回应"驴皮造假"事件，表示被央视曝光的阿胶生产企业与东阿阿胶公司无关。据媒体报道，东阿阿胶新闻发言人李世忠介绍，受利益驱使，近些年假冒伪劣阿胶小厂一直不断冒出，仅2008—2010年，山东、河北、沈阳、河南等地查处产品造假窝点40余个，假阿胶近3000吨。但东阿阿胶作为国内阿胶生产企业的龙头，采用的是100%优质驴皮，面对驴皮资源不足的困难，公司在全国建立了13个养驴基地，为公司阿胶生产提供原料保障。事件发生后，公司加大了正牌阿胶产品的宣传力度，尤其是加强了对鉴别真伪阿胶知识的宣传。消费者也增强了对正牌产品的选择意识，部分劣质阿胶被踢出市场，公司销量小幅上涨。第三步，举办山东省省长质量奖现场观摩会，观摩会在东阿阿胶股份有限公司举行。记者报道：东阿阿胶总经理秦玉峰在省长质量奖现场观摩会上表示，打造中国第一滋补品牌是企业的愿景，传承、保护国家非物质文化遗产——东阿阿胶制作技艺是企业的第一要务。为此，东阿阿胶制定了全国首部《阿胶生产工艺规程》和首部《阿胶生产岗位操作法》，首创蒸球加压化皮新工艺，发明了特征性DNA和特征肽两种阿胶成品真伪鉴定方法。通过运用政府的公信力和媒体的传播力让消费者相信，东阿阿胶是信得过的产品。

面对这次"问题阿胶"舆情危机，东阿阿胶因为应对有招而"因祸得福"。他们通过邀请媒体参观企业，展示企业科学管理水平和为保障原料质量所采取的措施，其言外之意：管理这样好的企业不可能自毁长城，生产劣质阿胶的只能是其他企业，与东阿阿胶无关。这种做法的效果在市场营销中反映出来。东阿阿胶新闻发言人李世忠说：企业销量不降反升。他认为这源于消费者对于东阿阿胶品牌价值、产品品质的认知。东阿阿胶危机公关收到实际成效，保护了企业的品牌和形象。东阿阿胶在危机公关过程中，不断地给记者一些真实的、新鲜的独家信息，改变记者原定的议题，引导记者跟着他们设置的路标走，舆论导向发生了有利于东阿阿胶的转变。最终，东阿阿胶成了这场危机真正的赢家。

2. 危机处理工作要点

（1）首先，在危机事件发生时，立即设置危机处理中心，危机管理领导小组和危机处理小组人员立即入驻，开始实施危机处理的各项措施。

（2）危机管理领导小组和处理小组派人到事件现场调查，了解危机事件的性质、危害程度等，并不断了解危机处理进展情况。

（3）在危机处理中心设立专线电话，由训练有素的人员接听和回答电话询问。

（4）派人接触相关公众，了解公众对危机事件的看法和情绪。

（5）派人与媒体沟通，向媒体说明危机事件的真相，为记者提供调查的便利。

（6）安抚受到危机影响的公众，争取公众对组织的谅解。

（7）邀请权威性机构来帮助解决危机，如请政府部门协调或帮助维持秩序。

（8）时刻关注危机处理进展情况，根据情况的变化采取相应的措施。

（9）必要的话，召开新闻发布会，主动邀请媒体记者参加。

3. 危机处理的传播要点

（1）快速发布信息。危机发生后，要尽快告诉公众发生了什么危机，正采取什么补救措施。

（2）不可主观推测。只有确切了解事故或事件的真实情况后才能对外发布消息；切不可发布不准确的消息。

（3）新闻稿的信息要相对完整。了解比较完整的信息后才发出新闻稿。

（4）对公众怀着同情、关心的态度。诚恳、耐心地回答公众或者媒体的问题和指责，不可表现出高度戒备的情绪。

（5）绝不说假话。确立组织是可信任的信息来源的信誉。

（6）与媒体合作。要善于利用新闻媒体进行传播。不要与媒体公开对抗。与媒体对抗只会使问题更加复杂化。如果新闻报道与事实不符，应及时予以指出并要求更正，但注意不要情绪化。

（7）必要时可使用新闻发布会快速传播。新闻发布会是一种高效率的传播方式。

（8）在与公众沟通中，避免使用行话。要用清晰易懂的语言与公众沟通。

（9）言行一致。采取对社会、对公众负责的行为。言行一致才能取信于公众。

（10）阐述组织的立场、态度应明确。不要含糊其辞。要使公众明了组织应对危机事件的积极态度、对社会、对公众的责任心。

（11）组织高层领导要参与危机处理并让公众看到他们的参与。

（12）领导人亲临事故现场。亲临现场的领导人形象传递了组织对公众关心、负责的诚意。

（13）集中协调沟通。危机发生后，组织应指派一位专门负责对外沟通的负责人，并组建沟通团队。这位沟通负责人专门对外阐述组织的立场。

（14）要让组织全体员工知情。危机事件发生后，应向全体组织成员通告危机事件的事实以及组织的立场和采取的行动。

（15）持续观察和评估危机处理过程。随时了解员工、外部公众和媒体的反应以及危机处理的进展情况，以便做出必要的调整。

案例链接

中美史克逢凶化吉

2000 年的冬季来临，治疗感冒的药物迎来了销售的旺季，中美史克生产的康泰克一路走俏。11 月 16 日，当时的国家药品监督管理局发布《关于暂停使用和销售含苯丙醇胺的药品制剂的通知》，宣布暂停销售含有 PPA（苯丙醇胺）的 15 种药品，中美史克公司的两个主打产品康泰克（复方盐酸苯丙醇胺缓释胶囊）和康德（复方氨酚美沙芬片）正含有这种成分。媒体接二连三的报道，将康泰克的生产制造商中美史克公司推到舆论的风口浪尖，康泰克的市场销售很快进入"冬季"。

中美史克公司临危不乱，有条不紊地应对危机，他们积极采取措施与媒体和公众沟通。一方面及时地把最新情况与进展通报给媒体，设立专门的信息沟通渠道，方便新闻媒体的采访探询；另一方面公司开通 15 条消费者热线电话，由受过专门培训的专职接线员负责接听来自客户、消费者的问询电话，做出真实、准确、专业的回答以打消其疑虑。

随后，中美史克公司在北京召开了新闻媒介恳谈会，向媒体表明"无论怎样，维护广大群众的健康是中美史克公司自始至终坚持的原则，将在国家药品监督部门得出关于 PPA 的研究论证结果后为广大消费者提供一个满意的解决办法"的公司立场、态度和决心。

【案例分析】中美史克公司发生危机后，他们敢于沟通、善于沟通、专业沟通。通过沟通传递真实、准确的信息，挤压猜忌存在的空间，引导舆论，消除负面舆情，为中美史克公司信誉和品牌保驾护航。真诚的沟通打消了消费者的疑虑，康泰克良好的品牌形象得到了有效的保护，为危机公关画上了一个比较圆满的句号。后来，中美史克公司推出新型感冒药基本上沿用康泰克的名称和包装风格，康泰克依然畅销不衰。

危机发生后，最迫切的事情是向社会公众表明企业的立场，通过媒体和公司的网站阐明企业对于事件的基本态度和原则，表达企业对事件的关注和采取的积极措施，赢得公众的理解和支持，改变公众对企业的看法。中美史克应对 PPA 事件，以及时、真实、专业的沟通，使企业逢凶化吉。

（三）危机的善后管理

有的组织在危机事件处理过程中不能关心公众利益、不能勇于承担责任的组织，危机事件结束后得不到公众的谅解和信任，信誉严重受损。有的组织在危机事件处理过程中重视公众利益、勇于承担责任，组织信誉受损较小，在危机事件结束后，也面临如何重新获得公众信任、恢复组织形象与信誉的问题。因此，危机事件过后的善后工作是危机管理不可或缺的部分。

危机善后管理是指在危机事件结束后，促使事态向好的方向发展的危机管理工作。危机善后工作主要的任务是：调整恢复，评估总结。

1. 调整恢复 危机事件结束后，组织面临重新获得公众信任，恢复组织的信誉和形象的问题。因此，在危机事件结束后，组织要尽快消除危机的影响、恢复组织常态。

（1）调整恢复工作的基本任务 调整恢复阶段的主要任务是对危机造成的破坏进行恢复和重建，变危机为发展的一个机会。

调整恢复阶段的工作，首先是完成补救性任务，如补偿、安抚危机中受到损害的利益相关者和公众、恢复公众对组织的信任，恢复组织信誉；其次是提升组织形象。

（2）调整恢复工作的基本程序 建立调整恢复小组 调整恢复小组与危机处理小组在结构及人员的配置上会有一定的差异性，但应包括危机处理小组的部分成员。如果组织有自己的公关专家，则公关专家也应参加调整恢复小组。调整恢复的工作仍然是在危机管理领导小组指导下开展工作。

调查、获取详细准确的信息 通过调查、面谈，从受害者、危机管理人员、专业人士、其他相关人员那里获得详细的第一手资料。调整恢复的基础信息需由专业人员提供。例如，企业危机后的机器设备的损害程度、受伤者的伤势、无形资产受损害的程度等等，由技术人员、医生及资产评估人员等专业人士做出较为客观公正的评估。专业的评估提供的信息才能为调整恢复决策提供权威依据。有时需要由没有利害关系的第三方机构鉴定受害者受到的伤害，才能获得比较客观、准确的信息。

（3）制订调整恢复计划 调整恢复计划的内容一般包括危机背景情况简介、起因、发展态势、造成的影响、危机处理中已经采取的措施、取得的成效和遗留的问题等、确定调整恢复的目标、调整恢复对象、改进的措施、计划的拟定者和执行人、预算，时间要求和限制，需要的物质资源、计划适用的前提和执行期限、沟通策略、公众关系、组织信誉和形象的恢复策略等。

（4）实施调整恢复计划 重大危机事件结束后，调整恢复工作任务繁重。调整恢复工作可能涉及某些方面的调整和改进。诸如人事调整、组织结构调整、供应商、经销商、产品结构调整和战略调整等。危机事件造成的危害不同，恢复工作的内容也就不同，可能涉及如下几方面或者全部的内容：①建筑物、构筑物、道路、机器、设施设备的修复与重建；②受害人员的安置、补偿，物资和劳务的征用补偿等；③污染物收集、清理；④社会求助和捐赠事宜的组织协调、资金和物资的管理与监督；⑤保险机构对应急救援人员和受灾人员的保险；⑥对受害者的心理辅导；⑦危机后组织的变革；⑧管理秩序的重建。

调整恢复不是简单地恢复到危机前的状态，而是应利用危机处理和善后的机会，转化不利因素，消除弊端，破旧立新，在新的起点上改革、建设与发展。

2. 评估与报告 在危机事件处理、善后工作结束后，组织应从社会责任、合法性与有效性等方面评估组织危机管理全过程，包括预防阶段、处理阶段、善后阶段，但危机事件处理阶段是评估的重点。

组织的社会责任是指组织对相关公众的合法利益和社会利益承担责任。合法性是指遵守法律法规的规定。有效性是指危机处理是否达到组织危机公关预期的目标。

在评估后，还应进行过程总结，实事求是地写出危机管理报告。危机管理报告的内容主要包括陈述危机事件的性质，事件发生、处理与善后的过程，分析事件发生的原因与危害，分析危机预防方案以及处理方式的优点与缺点，总结经验教训，提出今后改进工作的方向与措施等几个部分。

危机管理报告涉及危机管理系统的所有方面及全部过程，对危机管理系统的结构与功能、危机预警机制、危机预防准备、危机管理机构设置与人员配备、危机管理能力训练、危机处理决策、措施与行为、危机管理沟通、媒体资源运用、危机事件后的善后工作等。

危机管理报告集中地反映组织危机管理的水平。组织成员可能不愿意坦率批评其他成员的重大失误，因此为了提高评估和报告的客观性、准确性和完整性，可以聘请外部专家参加危机管理评价与审阅报告的工作。

危机管理评价与报告可以发挥教育、改进及提高的作用。通过总结评价可以提高组织成员的危机管理意识和危机管理能力，有效改善组织的危机管理工作。

活 动 设 计

危机管理方案的制定与实施

【活动目的】

通过本次活动，了解危机管理的过程；掌握处理危机的原则和策略，考察危机沟通与协调能力。

【活动内容】

危机事件的处理，危机公关方案的制定。

【活动主要仪器设备及材料】

电脑、网络资料、情景模拟需要的空间布置、道具等。

【活动方法】

情景模拟法；小组讨论法。

【活动步骤】

1. 根据情景需要，全班同学分成若干个小组，分角色扮演组织和公众角色。

2. 危机事件情景：组织接到投诉电话或组织门店遭遇消费者上门退货投诉等问题危机，公众同时声称已经爆料给媒体。

3. 组织启动应急措施，控制事态发展。

4. 组织启动危机管理模式，由危机管理小组展开对危机事件的调查，并制定出危机管理方案。

5. 落实危机管理工作步骤，全面开展危机公关工作。

6. 形成书面危机管理方案。

【活动报告要求】

1. 以小组形式提交危机管理方案。

2. 表达应做到规范、清晰、完整。

3. 报告应体现出小组团队危机意识、共同解决问题能力和合作精神。

【活动注意事项】

1. 在老师指导下分组，拟定情景再现主题，并选好自己扮演的角色。

2. 通过情景模拟，再现场景，把握危机管理的过程，重在体现危机协调能力。

目标检测

一、简答题

1. "危机就像死亡和纳税一样是不可避免的"这句话说明危机具有怎样的特点? 危机产生的原因有哪些?

2. 危机管理的定义和职能是什么?

3. 危机管理分为哪几个阶段? 每个阶段的主要目标和任务分别是什么?

二、案例分析题

2004 年 11 月 17 日,《河南商报》以"消费者当心、巨能钙有毒"为题,披露巨能钙含有可以致癌的工业用过氧化氢(双氧水)。文章被其他媒体转载后,引起公众热议,巨能钙被推向风口浪尖。舆论的风波很快影响到销售市场,各地药店纷纷将巨能钙撤下柜台,巨能钙危机全面爆发。

巨能钙是保健品,主要的消费对象为儿童和中老年人,服用者有数百万人。巨能钙开拓市场 8 年来,创下了补钙类保健品销售业绩的奇迹。就在巨能钙销售如日中天时,一场危机悄悄袭来。媒体揭开一个不为人知的惊天秘密:巨能钙几个品种的产品均含有对人体有害的工业化学物质——过氧化氢。

据《河南商报》报道:10 月 13 日记者接到一位业内人士的情况反映后,历经一个多月的调查取证,充分证实了巨能钙系列产品中,多个品种残留有有害化学物质成分过氧化氢的这一事实。权威专家指出,国家强制性标准和法规中明确表示:食品中(包括保健品)不得有过氧化氢残留。过氧化氢对人类具有致癌危险性,还有加速人体衰老过程、缩短人的寿命等诸多危害。

北京巨能新技术产业有限公司仓促上阵应对。11 月 19 日公司总工程师刘志革出席北京新闻发布会,回答记者提问。11 月 20 日,公司总裁李成凤和总裁办副主任谢华做客新浪网,回答网友对巨能钙含过氧化氢的质疑。

巨能钙新闻发布会和做客新浪网虽然时间仅隔一天,但却出现了表述混乱、对外解释口径不一致的问题,遭到舆论质疑。媒体报道,在 11 月 19 日举行的新闻发布会上,巨能公司的总工程师刘志革介绍称,巨能钙产品确实含有过氧化氢,但经过相关部门的毒理试验,巨能钙产品"实际无毒"。巨能钙在生产过程中由于工艺要求,需要添加过氧化氢进行消毒,但是受到技术的限制,最终产品中会残留一些过氧化氢成分。刘总工程师介绍称,过氧化氢广泛应用于食品加工、医药行业至今,并没有一个统一的标准来界定到底多少剂量的过氧化氢会产生毒副作用。

不同的说法来自于总经理李成凤。新浪网 11 月 20 日刊发了李成凤做客新浪的对话全文,其中有一个网友互动环节。

网友问:"为什么你们在生产巨能钙产品的时候,一定要添加这样一种过氧化氢,即双氧水,有没有其他的所谓的我们普通人关注的一种无毒无副作用的天然的东西来替代它呢?"

李成凤答:"这个我说一句,巨能钙生产的过程,没有添加任何的过氧化氢,这个过程是没有的，它是原料——L-苏糖酸钙这个原料带来的。在巨能钙生产的过程当中并没有添加任何的过氧化氢，这个大家必须要搞清楚。"

在巨能钙的生产过程当中有没有加入过氧化氢？总工程师刘志革给出的答案是"有"，董事长兼总经理李成凤给出的答案是"没有"。一个肯定，一个断然否定，为什么会出现这种前后矛盾的声音？巨能钙是"有"过氧化氢，还是"没有"过氧化氢，真相到底是什么？在这样一个关键问题上，没有统一口径，向媒体和公众传递出前后不一致的声音，只能引起更大的怀疑。虽然在12月3日，国家卫生部出具的检测报告称："巨能钙过氧化氢的残留量在安全范围内"。但是巨能钙品牌已经受到沉重打击，市场快速萎缩，企业遭受巨大损失，巨能钙品牌形象和销售市场回天乏术。

请运用危机管理知识，分析北京巨能新技术产业有限公司在处理巨能钙危机过程中的得与失。

项目八　公关文书

学习目标

知识要求

1. 掌握公共关系文书写作的一般要求；事务类文书的格式与写作要求；礼仪类文书的写作格式与要求；书信类文书的写作格式与要求。
2. 了解公共关系文书的特点。

技能要求　能够根据规范撰写常用的公关文书。

在公共关系活动过程中，向公众准确及时的传递组织意图信息的媒介、渠道很多，不可缺少的一种就是公共关系文书。公关从业人员必须系统了解公关文书的独特职能，全面掌握公关文书写作的格式与表达规范。

一、公共关系文书概述

（一）公共关系文书的特点

公关文书是为实现公共关系目的和开展公共关系活动而制作使用的各种书面材料。公关文书与一般应用文书有一些共同点，如实用性、程式性、广泛性、时效性等。但由于公共关系独特的职能，使公共关系文书具有不同于其他应用文体的独特之处，甚至如广告、新闻、公文、计划、总结等，一旦纳入公关范畴，也就或多或少具有了新的特征。

1. 鲜明的目的性　公关写作既不能无病呻吟，在没有什么问题时有意制造问题，也不能无的放矢，在不知道自己的组织或公关活动要达到什么目的时盲目写作。公关文书只有在既明确要解决什么问题，又明确要达到什么目的时，才能进行写作。这样写出来的公关文书才能真正解决问题，达到组织或公关活动的预期目的。公关组织的创造力在于"协调"。因而可以说，公关文书写作的目的正是为了协调各方面的关系。这种协调从宏观上看，可分为内部协调和外部协调两个方面。

2. 反映的客观性　公共关系活动的一项主要工作就是传播信息，而一般来说，传播信息这一工作本身并不难，难的是如何客观地、实事求是地传播信息。因为信息传播是否客观、实事求是，与组织、与公众皆有利害关系。

公关文书写作要客观地传播信息，首先必须客观地掌握事实，公关人员在调查、了解有关事实时，应不带偏见，而且必须杜绝主观随意性，力求事实的公正与真实。其次公关文书在写作时对材料的要求要非常严格，必须认真鉴别，反复核实，实事求是，不容许有任何虚构。

3. 传播的主动性　社会组织是公共关系的主体，是关系调节的主方，同样，处于关系主导地位的社会组织的公关文书写作，也必须在关系调节中积极主动。

公关文书写作的主动性，首先表现在内容上，它是为公共关系活动服务的，是为了解公共关系活动中存在的实际问题，对公共关系活动起着直接的作用。例如，公关新闻稿是为了把组织好的有关信息传播给公众；公关计划是为了给公共关系活动绘制出蓝图，安排好工作进程。这些都应该是积极主动的，而不是被动的。其次，在瞬息万变、丰富多彩的公共关系活动中，一切公关文书的写作都不可能是永恒不变的，不是一种机械似的固定模式，而是因人、因事、因时、因地而宜的。公关写作要主动根据具体情况灵活运用，才能获得理想的传播效果。另一方面，公共关系以及公关写作本身也处于一个动态的过程，不会永远停止在一个水平上。因此，公关文书的写作要适应公共关系实践的需要，也必然是变化发展的，正是这种丰富多彩的表现，充分体现着公关写作的主动性这一特征。

4. 很强的针对性　公关文书写作还有一个明显的特征就是针对性。这里所说的针对性，主要体现在以下几方面。

（1）有明确的涉及范围和对象。一般的文章或文学作品所涉及的读者范围及对象是笼统的，既没有明确的规定性，也没有很强的制约力。但公关文书写作却不然，无论是策划、信息咨询或大众传播文书，还是人际沟通及组织内部公务类文书，读者对象一般都有明确的范围或特定的公众。

（2）针对具体问题而写作。公关文书写作，总钉对公共关系活动或组织的存在与发展中的具体问题而进行的，因而写成的文章，一般都有高度的针对性。

（3）选择特定的惯用程序。所谓程式，指在长期的实践中总结形成的有关内容要素、行文格式、书写位置以及一些习惯用语等方面的基本要求。

（二）公共关系文书的写作要求

1. 公关文书的沟通性　公关活动可以借助于写公函、拍电报、写书信、发请束、发聘书、送慰问信、送表扬信等，达到传递信息、安排工作，争取社会效益和经济效益的目的。公关工作的沟通是双向的，公关文书的使用也要考虑反馈效应。理解、信任、支持与合作，是在相互交往中建立的。公关文书可以作为联络的纽带，可以架设友谊的桥梁。

2. 公关文书的竞争性　开展公关活动要善于利用文字手段，在同行或同类产品中，利用自己的优势去争取社会与公众的支持与赞誉，进而树立组织的公关形象，开拓并占领广大市场。在竞争中求得组织与产品的生存与发展，使自己立于不败之地。

3. 公关文书的时效性　作为传播、服务的工具，公关文书必须公开、迅速、通畅地发挥作用。它的写作要快，传递要快，反馈要快。要紧密配合商品经济的发展，联系贯彻国家现行方针、政策的实际，及时地抓住时机开展工作，求得高速度、高效率。时间就是生命，就是金钱，任何迟滞都会使公关文书失去作用。

4. 公关文书的务实性　公关文书的写作是一种实用写作，每种文书的起草都要明确写作目的，意图，从公关工作实际出发，提出和解决现实中的问题。

5. 公关文书的可信性　公关文书的写作必须说真话、办实事，与公众坦诚相见，凡是文书上允诺的就要执行守信。

6. 公关文书的简洁性 公关文书是处理公务的实用文，为便于沟通、交往与传播，必须去芜求精，简明概括，切忌拖泥带水。

7. 公关文书的规范性 为便于流通与管理，提高用文的效率，公关文书的写作必须按习惯通用的格式与要求进行写作。

8. 公关文书的精美性 公关文书不仅要求内容的新与实，而且对文面的设计也要求庄重大方、热烈而富于艺术感染力。

9. 公关文书的准确性 运用语言的准确严密，合乎逻辑与语法，合乎事实与政策。是公关文书用语的基本要求之一。

任务一 事务类文书

案例导入

××公司公关宣传活动企划书

一、活动主题
万名大学生为"××牙膏"替您服务。

二、活动目标
通过大学生宣传及上门为消费者服务，在目标国各城市普及、宣传、提高××牙膏的知名度，增进消费者对××牙膏的品牌、特性、功能以及价格的理解；并通过后继的公关活动，树立××公司尊重科学、关心青年学生身体健康、积极服务于社会的企业形象，提高××公司的美誉度。

三、综合分析
（一）企业概况

（二）产品简况——××牙膏系全天然生物牙膏，内含丰富的天然生物活性物质，能促进细胞新陈代谢，集洁齿、治疗、营养三功能为一体，有药物牙膏之功效，无药物牙膏之副作用。

（三）市场分析——××牙膏目前生产量为 800 万支，其中××市场占总销量的 32%；××公司现已陆续在××等数十个大中城市设立了销售网点。

（四）消费者分析——××牙膏系第三代产品，它的价格约高出其他牙膏 1 倍，其潜在消费者主要是城市居民中收入和文化程度较高者。

四、基本活动程序
（一）选择 2002 年 3 月 18 日为"××牙膏直销日"；并落实该活动于同日在××等十大城市举行。

（二）2002 年前后，派员与上述十大城市的大学联络，每校落实参加直销活动的大学生 500—1200 名；其中，××等有条件的城市同时组织人数在 100-200 人的大学生自行车宣传队，每城市各一支队伍。

（三）2002 年 3 月 18 日 9 时，各城市大学生自行车队沿拟定线路作"闹市行"，沿途向市民散发××牙膏宣传品；同时，参加直销活动的大学生走进千家万户进行宣传和直销活动。

（四）在直销活动结束后1个月内，××公司在××大学举办音乐会一台，并赠公共关系书籍500本。

五、传播与沟通方案

（一）在活动进行前一天，在××市的《××报》与××市的《××报周末版》上刊登宣传广告。

（二）预先与××电视台、《××报》等媒介联系，争取在活动后开始陆续新闻报道。

（三）由进行宣传和直销的大学生向消费者宣传××牙膏的基本特性，并散发单页宣传品。

（四）由选修公共关系理论与实务课程的××大学数百名学生撰写该项活动的个案分析，并择优寄往《××公共关系报》、《××公共关系导报》等媒介。

六、经费预算

（一）印制宣传品10万份及制作宣传绶带500条，约0.2万美元。

（二）活动预告的报纸广告费及媒介报道安排费用0.4万美元。

（三）10位销售活动监督、协助人员差旅费，以90美元/人计，共900美元。

（四）大学生宣传车队劳务费：××、××等城市车队队员共约500人，以10美元/人计，共5000美元。

（五）音乐会费用及赠书活动费用；音乐会用费一场300美元，500本公共关系书籍400美元，共700美元。

七、预期效果

如果活动能安排妥当，达到预期目标，其效果肯定大于用这部分经费进行单纯的广告宣传所带来的效果。

【问题讨论】

公共关系文书在语言表达上有何特殊性？

知识平台

事务类文书是为了正常开展公关工作而编制的文书，是党政机关、社会团体、企事业单位处理日常事务，用来沟通信息、总结经验、研究问题、指导工作、规范行为的实用性文书。常用的事务文书有以下五大类：①计划类文书（规划、设想、计划、方案等）；②报告类文书（总结、述职报告、调查报告等）；③规章类文书（章程、条例、办法、规程、制度等）；④简报类文书（简报、大事记等）；⑤会议类文书（会议计划、会议安排、会议记录等）。

这里重点介绍公共关系企划书、公关简报、会议纪要的内容和格式。

一、公共关系企划书

公关企划书是企业系统地、科学地策划公关活动的一种书面材料。公关企划书通常要明确的内容有活动主题、活动目标、综合分析、活动程序、传播与沟通方案、经费预算。

1. 活动主题　主题的拟定应言简意赅，并易于公众理解、记忆。

2. 活动目标　活动目标既应与企业总体目标相一致，又应能够体现某次活动的具体特点。简而言之，活动目标应是企业总体目标在某次活动中的具体体现。

3. 综合分析　综合分析包括对企业概况的介绍、产品简况、市场分析、消费者分析。在单个活动的企划书中，综合分析可以略去，但企划者必须对上述企业概况、产品、市场、消费者等 4 个方面的情况有较深入的了解，否则企划就难免不切实际。

4. 基本活动程序　说明本次活动的基本安排，什么时间由什么人做什么。

5. 传播与沟通方案　活动宣传通过什么样的传播媒介进行传播沟通。

6. 经费预算　对各项工作进行经费预算。

基本格式

×××活动企划书

（一）活动主题：×××××

（二）活动目标：×××××

（三）活动背景：×××××

（四）活动计划：×××××

1. 时间：××年××月××日

2. 地点：××市××路××号

3. 人员安排：×××××

4. 活动方式：×××××

5. 物品安排：×××××

6. 活动步骤：×××××

（五）宣传媒介：×××××

（六）经费预算：×××××

（七）效果预测：×××××

× ×

××××年××月××日

二、公共关系简报

公共关系简报，是机关团体组织内部交流、汇报情况的文字材料或刊物。包括工作简报、信息简报、会议简报、动态简报等多种。另外，动态、简讯、内部参考等都属于简报的范畴。写作时应事先制订编写计划，通过通讯系统或个人组织稿件，采用汇编、摘编、编写等方式，按版面要求，设计报头，行文与报尾，把名称、期数、编印单位、日期、份数、按语、本文、发送单位等一一列清楚。简报多数为内部使用，有的也可直接向外发送，但要注意发送的范围与要求，不能像报纸一样到处分发，人人使用。简报的编发有定期和不定期两种。简报不是正式公文，不具备法律效力和行政效力。

1. 公共关系简报的特点

（1）简明扼要，抓住事物的实质，抓住代表性的典型材料。

（2）迅速，像新闻一样快编、快写、快印、快发。

（3）真实，材料确凿，反复核实，表述讲究语法逻辑。

（4）新颖，立意要新，情况要新，抓新人、新事、新问题。

2. 公关简报的内容　公关简报是公关业务活动的简要报道。公关简报上可以反映以下内容。

（1）有关组织形象的材料，文献检索，调查了解到的内部公众和外部公众的意见、评价和要求。

（2）组织内部工作生产情况和思想状况等方面的动态、经验、趋势。

（3）公共关系部门开展的一些公共关系活动。

（4）公共关系部门对各项工作的咨询意见和建议。

（5）公共关系有关会议。

3. 公关简报的写作要求

（1）简报的写作要用第三人称。

（2）简报的写作要求重点突出，有明确主题思想，做到主题单一，内容集中。

（3）简报的写作必须及时、准确、客观，内容真实，据事直说，不夹杂评述性意见，但编者按除外。

（4）简报的写作必须简短、通俗、有可读性、指导性。

（5）简报的写作格式要规范。

4. 公关简报的写作格式

（1）报头　占简报首页的三分之一到四分之一左右。居中写简报的名称，要用较大的字体。名称下方写简报编号"第×期"。简报编号下面的左侧写编发单位，右侧写简报的印发日期。报头与正文部分用一条横线隔开。

（2）正文　正文是简报的内容所在。正文分导语、主体、结尾三部分。正文的标题与新闻的标题相似，应力求简明、准确、扼要地概括出正文的内容。主体是简报内容的主干和中心部分。主体的内容要抓住关键问题，把本单位在贯彻执行上级指示、开展工作中出现的情况集中地反映出来，与之无关的琐碎小事不能上简报。正文的结尾，要用括号注明写稿单位和写稿人名字。

（3）报尾　在简报的最后一页下方，标明两条平行横线，在横线内注明本简报的发送范围和印发份数。

基本格式

××简报

第×报

××公司公关部编　　　　　　　　　　　　　　××××年×月×日

标　题

正文

报：

送：

发：

三、会议纪要

（一）会议纪要的概念

会议纪要是一种记载和传达会议基本情况或主要精神、议定事项等内容的规定性公文。会议纪要具有指导性、纪实性、概括性的效果。

（二）会议纪要的分类

按性质可分为办公室会议纪要和专项会议纪要；就表述形式可分为决议式纪要，概述式纪要和记录式纪要；根据内容可分为决议性纪要和综合性纪要。

（三）会议纪要的结构

会议纪要的结构分标题、正文、落款三部分。

1. 标题　会议纪要的标题一般由会议名称和文种两项构成。

2. 正文　包括前言、主体、结尾三项内容。

前言概括交代会议的名称、时间、地点、参加人、主持人、会期、形式等组织情况，说明主要议题，然后用"现将这次会议讨论的主要问题综述如下："主体是会议纪要的核心内容，主要反映会议情况和会议结果。写作时要注意紧紧围绕中心议题，把会议的基本精神，特别是会议形成的决定、决议，准确地概述清楚。结尾即会议纪要的结束语，一般是向收文单位提出希望和要求，有的会议纪要没有结尾部分，主体内容写完，全文就结束。

3. 落款　包括署名和时间两项内容。署名只用于办公室会议纪要，署上召开会议的领导机关的全称，下面写上成文的年、月、日期，加盖公章，一般会议纪要不署名，只写成文时间，加盖公章。

基本格式

关于×××工作会议纪要

××会议在××××××（时间、地点）召开，参加会议的人有×××，×××等，共×人，×××主持会议，就×××××××××进行了认真的讨论。现将会议主要精神纪要如下：

1. ×××××××××
2. ×××××××××
3. ×××××××××

4. ×××××××××

××公司

××年×月×日

任务二　礼仪类文书

礼仪类文书是为礼仪目的或在礼仪场合使用的文书。按照使用场合的不同可分为庆贺类、感谢类、邀请类和迎送类。如邀请用请柬（帖），迎往送别用欢迎词、答谢词、祝贺词等。这里重点介绍公共关系柬帖、公共关系发言稿的内容。

案例导入

第 56 届全国电子产品展销会

暨 2000 年（上海）国际消费电子展

邀 请 函

尊敬的×××先生：

您好！

第 56 届全国××产品展销会暨 2000 年（上海）国际消费电子展，定于 2000 年 10 月 25 日至 28 日在上海光大会展中心举行。本届展会，展厅面积达 3 万平方米，参展的中外电子企业逾一千家，称得上是新千年中国电子工业的一次盛大检阅。从展会所展示的技术和产品中，人们可以充分感受到新千年中国电子工业进一步腾飞所展现的新成果、新面貌以及中国电子工业跨世纪发展的新趋势。

受本届展会组委会委托，特邀请您出席定于 2000 年 10 月 25 日上午 9：30 在上海光大会展中心东馆（漕宝路 78 号）举行的第 56 届全国电子产品展销会暨 2000 年（上海）国际消费电子展开幕仪式，并参观指导。敬请您准时莅临为盼。

本次活动记者签到时间和地点：2000 年 10 月 25 日上午 9：15—9：30，

上海××会展中心东馆正门南侧签到处。

谢谢您的支持和合作。

上海××公共关系有限公司

2000 年 10 月 18 日

如有垂询，敬请与本公司下列人员联系：

×××小姐　　电话：×××××××

×××先生　　电话：××××××转××分机

【问题讨论】

邀请函是公共关系活动主办方还是活动参加者发出的？一般要有那些内容？

知识平台

一、公共关系柬帖

柬帖是公关信件、名片、卷子的统称，公关柬帖是一种简便、亲切、自然的沟通形式和礼貌的传播和交际工具，是组织在公关活动中最常用的文书。作为日常社交和公关活动中经常使用的沟通媒介，它可以向公众迅速、简洁的传递信息、通报事务、表达感情，因而也是一种不可或缺，十分方便的联络工具。

公关柬帖不同于普通信函和通知，它比普通信函更庄重、更正式、对对象也更有礼貌、亲切和尊重。一般来说，只有在重大活动或节庆、会议等场合才使用柬帖。公关柬帖常用形式有请柬、邀请函。

（一）请柬

请柬，又称"请帖"。是邀请某人某单位参加某项活动的专用文书。多用于重要的庆典宴请活动，或特别性的集会、聚会。多数使用统一印制、美观大方的现成式样。使用时根据需要填写：被请单位或个人名称或姓名，与会时间、地点、会议内容、安排、敬语、发文单位、日期，用于个人活动的，可以用书信的方式邀请对方，打印或手写均可。请柬不仅交待各项事宜，以利于对方准时参加活动，还要表示诚意与热情，使对方乐于接受。

一份规范的请柬，无论如何设计，一般总由封面和内页（正文）两部分组成。特制的专门请柬的封面，一般应写明是什么会议（或活动、宴请）的请柬。如社会组织为控制成本，一次印制较多请柬以供几个不同的活动所用，也可只写"请柬"两字，在相应部位，可配上组织的标识。

范例分析

第 56 届全国电子产品展销会

暨 2000 年（上海）国际消费电子展开幕仪式

请　柬

尊敬的×××先生/女士/小姐：

　　第 56 届全国××产品展销会暨 2000 年（上海）国际消费电子展开幕仪式定于 2000 年 10 月 25 日（星期三）上午 9:30 在上海光大会展中心东馆（上海市漕宝路 78 号）举行。诚邀您届时莅临指导。

第 56 届全国电子产品展销会组委会

2000 年 10 月

（敬请持本柬的贵宾于上午 9:00 准时到会展中心贵宾休息室签到）

请　柬

诚邀您出席第 56 届全国电子产品展销会

暨 2000 年（上海）国际消费电子展

开幕仪式

时间：2000 年 10 月 25 日（星期三）

上午 9:30

地点：上海漕宝路 78 号

上海光大会展中心东馆

第 56 届全国电子产品展销会组委会

2000 年 10 月

（敬请持本柬的贵宾于上午 9:00 准时到会展中心贵宾休息室签到）

请柬的内页（正文），可以有两种撰写方式。这两种撰写方式的区别在于：第一种方式顶格书写被邀请者的姓名和称谓。在被邀请对象不是很多的情况下，采用这种方式，既体现了对被邀请对象的尊重，又便于在活动过程中了解被邀请对象的实际出席人数。但在被邀请人员较多且具体出席对象又不是很确定的情况下，这一方式在操作上难度较大。

第二种方式则解决了这一难题，即请柬上仅表示邀请意向，而不书写被邀请者的姓名和称谓。这就具有了较大的灵活性。

不管采用哪种方式，请柬正文都必须写明邀请的意向、活动的内容、时间、地点以及提请被邀请者注意的有关事项。应注意以下几点：

（1）活动的时间必须根据各种因素精确设定，撰写时做到准确无误。凡在日期后面加注"星期×"的（这是请柬的规范写法），应特别认真加以核对，保证两者统一。

（2）活动的地点，除必须写明具体场所（如××宾馆×楼的×厅）外，还须注明这一场所所在的建筑物的具体地址（如××路×号）。

（3）在请柬上注明一些需要提请被邀请者注意的事项。这类注意事项一般包括签到、着装、就座、人数限制和资料（礼品）领取等等，可视不同场合不同需要而定。

（4）在请柬的结尾，一般写上"敬请光临"之类的礼貌用语，并署上发出邀请的社会组织的全称和发出邀请的时间。

（二）邀请函

请柬作为对客人发出邀请的一种专用函件，虽然规格颇高，但因其内页篇幅有限，所以正文部分除写明邀请的意向、活动的内容、时间、地点以及提请被邀请者注意的有关事项外，不可能对活动的内容作进一步的介绍。有些时候由于对活动内容及主办者缺乏了解，许多人可能会不参加。在这种情况下，就需要用到邀请函。

邀请函作为对客人发出邀请的另一种专用函件，一般用 A4 纸印，可套色，也可单色，外观形式上虽不如请柬考究。但邀请函最大的优点是：它有足够的篇幅，可对一次活动的背景情况、具体内容以及规模和形式等方面作较为详尽的介绍和说明，从而引起被邀请者的关注。

二、公共关系发言稿

公共关系发言稿一般可以分为公关致辞和演说稿。

（一）公关致辞

在公共关系活动中，有许多迎来送往的场合，需要有关人员致辞。常见的致辞有欢送词、祝贺词和答谢词等。这类致辞的结构，一般由标题、称呼和正文三部分组成。

1. 标题　标题的写法：一种是只写《欢迎词》《欢送词》《祝贺词》或《答谢词》即可；另一种是在《欢迎词》《欢送词》《祝贺词》或《答谢词》前加上一定的修饰限定词语。

2. 称呼　标题的下一行顶格写致辞对象的称呼，称呼后加冒号。称呼要用尊称，一般在称呼前加上表示敬意、亲切的修饰语，如"尊敬的"、"敬爱的"、"亲爱的"等。在被称呼者的姓名后加上职务、职称。称呼对方单位名称或个人姓名时必须用全称，不得用简称。

3. 正文　正文包括开头、主体、结尾三部分。开头应首先表明这一致辞的主旨。主体部分则是结合活动的特定内容和出席对象的具体情况，围绕致辞的主旨适当进行阐述。结尾比较简单，一般是向致辞对象表示祝愿、祝福或希望。

写作格式

欢 迎 词

尊敬的来宾，女士们、先生们：

值此×××公司30周年厂庆之际，请允许我代表×××公司，并以我个人的名义，向远道而来的贵宾们表示热烈的欢迎。

朋友们不顾路途遥远专程而来贺喜并洽谈贸易合作事宜，为我公司30周年庆更添了一份热烈和祥和……

在此，我再次向朋友们表示热烈欢迎，并希望能与朋友们密切协作，发展相互间的友好合作关系。

"有朋自远方来，不亦乐乎"。在此新朋老友相会之际，我提议：

为今后我们之间的进一步合作，

为我们之间日益增进的友谊，

为朋友们的健康幸福，

干杯！

贺 词

××厂：

首先，请允许我代表××公司全体员工，并以我个人的名义，向贵厂成立10周年表示热烈的祝贺！

贵厂技术力量雄厚，已建成年产×万米的×××生产线，现在生产30多个品种的适销对路的产品，××××年被晋升为国家一级企业，贵厂成绩卓越，经济高速发展，……

贵厂建厂10年，取得了巨大的成就，为繁荣我国经济做出了贡献，可喜可贺。

最后，祝愿贵厂更加兴旺发达！

××公司

×年×月

答 谢 词

尊敬的×××先生，尊敬的××集团公司的朋友们：

首先，请允许我代表××代表团全体成员对×××先生及××集团公司对我们的盛情接待表示衷心感谢。

我们一行五人代表××公司首次来贵地访问，此次来访时间虽短，但收获颇丰。仅三天时间，我们对贵地的电子业有了比较全面的了解，与贵公司建立了友好的技术合作关系，并成功地洽谈了××电子技术合作事宜。这一切，得益于主人的真诚合作和大力支持。对此，我们表示衷心的感谢。

……

最后，我代表××公司再次向××集团公司表示感谢，并祝贵公司迅猛发展，再创奇迹。更希望彼此继续加强合作，共创明天。

再见了，亲爱的朋友们！

（二）公关演说稿

撰写公关演说稿是公关从业人员日常要承担的工作之一。演说稿和致辞相似的地方，在于两者都是在一定的场合、面对特定的公众所发表的讲话。但相比之下，致辞更多地用在一些礼仪场合，主要用来表达某种情感和意愿；而演说则较多用在展示性的场合，主要用来宣传某一观点、推荐某一形象。

撰写演说稿，应注意把握以下几点。

1. 标题　通常演说稿的标题为"在××场合的演说"，以免和其他演说稿相混。但在实际演说时不必照念。

2. 称呼　演说稿的称呼，一般情况下，可以对这一活动的主持人特别提出加以称呼，而对在座领导则不必如此。即以"尊敬的×××先生（或女士、小姐）"称呼主持人，再以"尊敬的各位领导、女士们、先生们、朋友们"这些泛称涵盖所有在场人员。如果演说的场合并无明确主持人，则可以省略对主持人的称呼。在某些比较随意的场合，只需简单地称呼"各位朋友"。

3. 正文　演说稿的正文分为三个部分，即开场白、主体和收尾。

演说稿的开场白，事关能否马上吸引听众的注意，但一般字数却不多。在撰写时，一般可采用下列几种方式：一是开门见山，直奔主题。一般用于比较正式的场合。二是先作简单的自我介绍，让人们对自己发生兴趣。三是由某一看似不相干的话题突然切入，激发人们的好奇心理。四是抓住现场情境，即兴发挥。适当调侃，活跃气氛。

演说稿的主体部分是整篇演说的最核心部分。主体部分的撰写，根据内容需要和具体场合、听众的不同，可有各种方式，但不管用什么样的方式，有三点是要注意的。

一是要突出演说主题，不在次要问题上多作解释和说明。二是逻辑严密，结构紧凑，围绕主题层层推进，具有较强的说服力。三是表述通俗流畅，力求口语化。

演说稿的收尾部分，一般有下列几种方式：一是概括演说的主题，加深听众印象。二是提出希望或发出倡议，激发听众的情绪。三是提出一个或几个思考的问题，让人感到意味深长，意犹未尽。这几种方式，可以根据不同情况灵活运用。但都应注意，收尾应尽可能干脆利落，不拖泥带水。

任务三　书信类文书

公共关系书信是在公共关系活动中使用的一种书信体的礼仪类文书。公关信函有别于一般书信，它是代表本组织谈话，带有一定的公关目的，不代表个人办私事。公关信函就其内容与作用来看又可分为商洽函，询问函，答复函，委托函，告知函五类。这里重点介绍公开信、感谢信的内容。

案例导入

刘翔致全国人民的公开信

致谢所有关心和支持我的人：

感谢那么多关心我的人给我的理解和支持，此时此刻我的心也还在为退赛和由此给大家的失望感到难过。

2001年7月13日北京申奥成功的那一天，正好是我18岁的生日，这让我的生日庆祝与申奥成功的喜悦联系在了一起。虽然那时我还是一名不为人知的运动员，但参加北京奥运会是每一名运动员的梦想，为此，我一直付出着百分之百的努力。

2004年雅典奥运会，我实现了奥运冠军的梦想，从那时起，在自己的祖国卫冕奥运冠军就是我心中不可动摇的目标。我一直喜欢面对挑战，从来不肯认输，这就是我的性格。其实在踏上希腊土地的时候，我就对自己的状态很有信心。

随着我夺得越来越多的冠军和越来越多的人给予我关注和支持，我同时也承受了越来越大的压力和生活上的困扰。我不能像同龄人那样与朋友毫无约束地轻松聚会，我也随时感觉到来自全国的期待的目光。

我知道昨天大家都在热情期待着我出场，我也很想像以前你们熟悉的样子冲过终点，但实在是我的脚……，请相信我心中的难过和疼痛不会比你们少，同时，也请相信我还是以前的刘翔。

在看到我受伤离场之后，非常非常多的朋友给我发来短信，给我打来电话。真心感谢这么多理解、支持和鼓励我的朋友。也要感谢全国人民这些年给予我的巨大支持和荣誉。

我相信自己还是很有实力。你们会看到跑得更快的刘翔。

（来源：金常德《常用公关文案写作》[M]）

【问题讨论】

公开信与一般书信的区别？

知识平台

一、公开信

（一）公开信的定义

公开信是将内容公布于众的信件。公开信可以笔写，也可以印刷、张贴、刊登和广播。其对象一般比较广泛，如"三八"妇女节写给全国妇女的公开信；"五四"青年节写给全体青年的公开信；也可写给一人。不论是写给社会中的某一部分人或写给个人，从写信者的角度看，都希望有更多人的阅读、了解，甚至讨论信中的问题。信的内容一般涉及比较重大的问题，具有普遍的指导作用、教育作用和宣传作用。

（二）公开信的类型

第一种是表达问候、表扬、鼓励的公开信。以领导机关、群众团体的名义，在纪念活动、传统节日或其他必要的情况下，给有关单位、社会阶层、集体、个人、发出的书信。这类公开信有问候、表扬、鼓励的作用。结构与普通书信基本相同。第二种是写给有关对象的公开信。领导机关、群众团体或个人针对某一问题写给有关对象的公开信。这类公开信有的是表扬，有的是批评，有的是倡导好风气，有的是提出建议。第三种是发给私人的公开信。由于某种原因，找不到收信人，而信又比较紧急，非发给本人不可。这类信通过报刊或广播公开发布，写信人和收信人双方就有可能取得联系。如路遇未留名的好人好事，需表示感谢；大陆与台湾失去联系亲人之间的寻亲信等，常以此种方式发出。第四种是给予澄清群众反映某人在从事某种工作时涉嫌不合法操作时，某人或相关部门给予澄清，这一般是指娱乐圈的明星涉嫌抄袭事件时会比较常见。这类信写法与普通书信相同，但由于要寄给报刊编辑部或广播电台、电视台，因此要注意写好信封。

（三）公开信的写法

通常公开信的格式与普通书信基本相同，即包括标题、称呼、正文、结尾、署名等几部分。但针对不同类型的公开信，其内容与写法却有很大不同，下面将较详细的给予说明。

1. 重大节日活动针对相关人群公开信的写法与内容

（1）标题　一般由发文双方名称和发文原因共同组成。如《共青团中央关于提倡婚事新办给全国共青团员、青年朋友们的一封信》。

（2）称呼　针对发信对象和发信方式的不同，有的写集体的称呼，有的写个人姓名。要写在第一行，顶格，称呼后加冒号。

（3）正文　称呼后另起一行，空两格写正文。这类公开信的正文一般要包括以下一些内容。

① 写些表示关怀、问候和祝愿的话。把发文单位、机关的良好祝福带给这些群众或单位个人。

② 真情实意地赞颂收信人品德、成绩、贡献及其影响，使收信人在这种特殊的气氛下感到鼓舞和自豪。

③ 发文机关、单位进一步提出勉励和希望、要求，使受信人可以不骄不躁，发扬优势，继续奋斗，为社会和他人做出更大的贡献。

④ 以饱满、热烈的感情发出号召。再次表示真挚的祝福和希望。

（4）结尾：一般写上一些表示敬意和祝愿的话语即可。

（5）落款：在全文结束后，在右下方署上发文单位或个人的称呼姓名，署明成文日期。

2. 针对具体问题的公开信的格式内容

（1）标题　通常由发信双方及发信事由与文种名构成。文种名有时简略为"一封信"。如"××关于××给×××的一封信"。

有时这类公开信题目也可只由受文者和文种构成。如"×××给×××的一封信"。

（2）称呼　要顶格书写后加冒号。一般用"同志们"、"朋友们"表示多数。有的则直接写收信者的单位名称或个人的姓名。

（3）正文　在称呼后另起一行空两格后书写。一般来讲，针对某一问题的公开信正文要包括以下一些内容：

① 说明公开信的发文原因。一般要针对某一具体问题展开叙述。

② 简略叙述问题存在的一些情况。如果是事件，则说明在什么时间、什么地点、什么人，由于什么原因做了什么事，结果如何。若是某一现象，则要指明这是什么现象，有何表现，有什么倾向，有何危害，会造成怎样的结果，以及是什么原因造成的等等。

③ 阐明发文者对这一问题的真实态度。是提倡赞扬，或是批评反对，或者提出某种看法主张，要一清二楚地表达出来。

④ 提出希望或解决问题的意见及建议。

（4）结尾　若是提倡赞扬的事件可以写上表敬意或祝愿的话。如"此致—敬礼"等。若是对某事的处理建议有看法，结尾则可写上"妥否请参考"字样。

（5）落款　在右下方署上发文单位名称或个人姓名，并在下边写上发文日期。

3. 私人信件公开发表的公开信的写法内容　这类信件的写法同普通书信的写法一样。通常这类信件又可分为两种情况：寄给报社以求与对方联系的公开信和私人信件的直接公开。

这里需要说明的是寄给报社的这类公开信要在正文清楚地叙述情况，使编辑了解实情，以达到问题圆满解决。

关于私人信件的公开信，一般通过发表可以起到很大的思想教育意义。大陆同胞给台湾乡亲的信，国外侨胞给祖国人民的信等。

二、感谢信

（一）感谢信的定义

感谢信是向帮助、关心和支持过自己的集体（党政机关、企事业单位、社会团体等）或个人表示感谢的专业书信，有感谢和表扬双重意思。写感谢信既要表达出真切的谢意，又要起到表扬先进、弘扬正气的作用。它广泛应用于个人与个人之间个人与组织之间，组织与组织之间，用于向给予自己帮助、关心和支持的对方表示感谢。

（二）感谢信的写法

感谢信在写作时应篇幅短，中文 200 字左右即可；对收信人为自己做的好事了然于胸，不要忘了什么；把对方带来的好处都写清楚，不要含糊其辞；表示感谢的话要合乎商家往来习惯，语气不应过于卑屈。

第一行的正中用较大的字体写上"感谢信"三个字。如果写给个人，这三个字可以不写。有的还在"感谢信"的前边加上一个定语，说明是因为什么事情、写给谁的感谢信。

第二行顶格写对方单位名称或个人姓名，姓名后面可以加适当的称呼，如"同志""师傅""先生"等，称呼后用冒号。如果感谢对象比较多，可以把感谢对象放在正文中间提出。

第三行空两格起写正文。这一部分要写清楚对方在什么时间，什么地点，由于什么原因，做了什么好事，对自己或单位有什么支持和帮助，事情有什么好的结果和影响。还要写清楚从中表现了对方哪些好思想、好品德、好风格。最后表示自己或所在单位向对方学习的态度和决心。

正文写好了，另起一行空两格（也可以紧接正文）写上"此致"，换一行顶格写上"敬礼"。

最后再换一行，在右半行署上单位名称或者个人姓名。在署名的下边写上发信的日期。

写作格式

感 谢 信

　　××有限公司于×年×月×日在杭州举行隆重开业典礼，此间收到全国各地许多同行、用户以及外国公司的贺电、贺函和贺礼。上级机关及全国各地单位的领导，世界各地的贵宾，国内最著名的电缆线路专家等亲临参加庆典，寄予我公司极大希望，谨此一并致谢，并愿一如既往与各方加强联系，进行更广泛、更友好的合作。

　　此致

敬礼

××有限公司

董事长：×××

总经理：×××

×年×月×日

　　公关文书既包括纯粹意义的公关工作或活动中使用的典型公关文书，如公关策划文案，也包括人们日常工作和生活中经常使用的具有明显公关色彩与功能的准公关文书，如感谢信、求职信。当然，公关文书会随着社会的发展不断出现新的样式。限于篇幅和本书定位，仅主要介绍以上文种。

目标检测

一、单项选择题

1. 一封格式规范信函，其问候语要（　　　）

      A. 第二行居中书写　　　　　　　　B. 第二行顶格书写

      C. 第二行空两格书写　　　　　　　D. 第二行中偏左书写

2. 在公关社交活动中，为了增进双方友谊，洽谈有关事宜，发展对外关系，主客方在特定的场合发表的礼仪性讲话称为（　　　）

      A. 欢迎词　　　　　B. 致辞　　　　　C. 祝词　　　　　D. 答谢词

3. 公关应用写作的归宿是（　　　）

      A. 公共关系学　　　B. 公关信息学　　C. 公关传播学　　D. 公共写作学

4. 公关活动中最常用于人际关系和礼仪用途的实用文书是（　　　）

      A. 信函　　　　　　B. 聘书　　　　　C. 名片　　　　　D. 柬帖

5. 致辞语言的基本要求是（　　　）

      A. 短小简练　　　　B. 语气委婉　　　C. 口语化　　　　D. 情感化

6. 公关写作首先要（　　　）

      A. 拟定标题　　　　B. 确定主题　　　C. 确定结构　　　D. 选择素材

7. 请柬表示对被邀请者的敬重，具有（　　　）

      A. 公关性　　　　　B. 礼节性　　　　C. 相关性　　　　D. 严肃性

8. 公司四季度工作会议决定，营销部要根据公司的发展需要，撰写××××年度的生产和销售的进度安排以供下次会议讨论，该文件应使用的文种为（　　　）

      A. 规划　　　　　　B. 安排　　　　　C. 设想　　　　　D. 计划

9. 在公共关系活动中，策划具有新闻价值的事件又称为（　　　）

      A. 臆造新闻　　　　B. 编造新闻　　　C. 制造新闻　　　D. 捏造新闻

10. "我市是一个贫困地区，在这次会议期间，可能给大家带来了诸多不便，敬请原谅。预祝大会圆满成功！"一句用于（　　　）

      A. 开幕词　　　　　B. 闭幕词　　　　C. 欢迎词　　　　D. 竞选演讲

二、多项选择题

1. 计划的特点是（　　　）

      A. 预见性　　　　　B. 不变性　　　　C. 可行性　　　　D. 针对性

2. 会议纪要的特点体现在（　　　）

      A. 纪实性　　　　　B. 告知性　　　　C. 政策性

      D. 灵活性　　　　　E. 概括性

3. 请柬的鲜明特征有（　　　）

      A. 内容具体　　　　B. 表达热情　　　C. 态度庄重

      D. 便于查记　　　　E. 文字简练

三、简答题

1. 简述公共关系文书的特点？

2. 常用的事务文书有哪几类？

项目九 公关形象塑造

学习目标

知识要求

1. 了解组织形象的塑造过程和个人形象礼仪。

2. 掌握一般日常社交礼仪。

技能要求

1. 会运用形象塑造原理进行组织公关形象的塑造。

2. 能够运用好一般的公关礼仪知识进行得体的社会交往。

任务一 组织形象塑造

案例导入

北京奥运会——中国政府一次成功的公关活动

第二十九届北京奥运会可谓规模空前，有最大规模的运动员参赛，有最大规模的外国元首来北京观看比赛，有最大规模的志愿者，有最恢宏壮观的开幕式。但这些最多、最大、最好的背后体现的是中国政府的一次最精彩、最成功的公关活动，北京奥运会只不过是个载体。奥运会开幕式向世人展示了中国五千年文明的辉煌灿烂，体现了中国政府发展经济，创新科技和改善环境的和谐发展（科学发展观）的执政之要，向世人宣示了中国走和平和谐发展道路的决心。

中国花如此大的代价举办这届奥运会，不仅仅是向世界传达了中国人民和政府的友好、和平、热情，向世人展示自己强大的组织能力和蒸蒸日上的国力；而且体现了中国政府获得他国的理解，促进中国与世界其他国家的交流，消除中国在西方国家（包括一些东方国家）思维中的负面影响和对中国崛起的担忧，树立中国在国际社会中的良好形象，这才是中国倾尽全力办好这次奥运会的真正意义所在！

当然，北京奥运会也可以视作中国政府公共关系的典范之作。凭借此次盛会的召开，中国政府通过卓有成效的努力，明确传递了和平信息，宣示了"和平崛起"的坚定决心；缓解了公众消极情绪，增进了社会和谐与团结；推介了中华民族文化，展示了美好的国际形象。

【问题讨论】
个人在组织形象塑造中作用有哪些？

知识平台

一、组织形象的定义

组织形象是社会公众对于组织的总印象和总评价，是主客观的统一。其含义包括三个方面：第一，组织形象是一种总体评价，是各种具体评价的总和。具体评价构成局部形象，总体评价组合总体形象。第二，组织形象的确定者是公众，社会公众是组织形象的评定者。第三，组织形象的好坏源于组织的表现。社会公众对组织的印象和评价不是凭空产生的，也不是公众强加给组织的，而是组织的特征和表现在社会公众心目中的印象。

二、组织形象的划分

1. 自我期望形象和社会实际形象　自我期望形象是指一个组织希望在社会公众中的形象。它往往是理想化的，但它是组织发展不可缺少的内在动力。因为这种理想往往驱动组织规范自己的行为，并促使组织开展各种有效的公共关系活动。一个组织的自我期望形象越高，自觉做出努力的可能性就越大。

实际社会形象是指社会公众对一个组织的真实看法和评价，是组织形象的客观存在。了解组织的实际形象是制订公共关系目标的基本依据。

2. 整体形象和特殊形象　组织的整体形象是指社会公众心目中对组织的全部看法和评价。

组织的特殊形象是指与组织有特殊利益关系和对组织有特殊要求的公众对组织的看法和评价。这是特殊公众从特定的角度对组织形成特定的看法和评价。组织必须善于处理好特殊公众和其他公众的关系，使特殊形象和"整体形象"达到平衡统一，以保证组织形成良好的生存和发展环境。

3. 外观形象和内在形象　组织的外观形象是指社会公众对组织的名称、标记、环境、建筑、设备、设施、组织行为等方面的看法和评价。这些外观形象因素是可以通过公众的感官直接感受到的组织有关实体形象。

组织的内在形象是指通过组织的外观形象表现出的内在品质给公众留下的印象。如组织的信誉、职工的精神风貌、企业的特征与风格等。

组织的外在形象和内在形象是统一的。组织的内在形象必然反映到组织的外在形象上，而组织的外在形象是组织内在形象的客观反映。

三、组织形象的功能

1. 认知功能　组织形象是公众心中对特定社会组织的认识。公众心中形成的特定的组织形象对于公众起到认识组织的作用。公众对组织形象的认知水平可以从组织形象的知名度和鲜明性得到衡量。组织形象的知名度是指在一定范围内的公众中知晓该组织的公众比例。组织形象的鲜明性是指公众对该组织认知的清晰程度或了解程度。

2. 评价功能 公众对一个组织有所认识后必然会以特定的标准来评价和要求该组织。因此，组织形象也是公众对一个组织的评价和要求的工具，通过心中形成的组织形象，公众可以评价一个组织并对该组织提出期望、要求。例如一个组织是否遵守社会道德，组织的产品或服务的质量、组织的工作效率高低，服务态度是否良好，组织的机构和人员配置是否合理等，公众的组织形象都有所反映，都会进行评价。

3. 监测功能 组织形象反映了组织的各种属性和特征，反映了公众对组织的评价、要求和期望。组织管理者通过收集和分析组织形象相关信息可以了解社会公众对本组织的认知、评价和要求，了解本组织的优势和缺点。组织形象的信息有助于组织领导者和管理者更全面地认识本组织与公众的关系状态。

公众包括组织内部公众和外部公众，因此组织形象的监测功能可以分别监测内部公众和外部公众关于组织的认知和评价信息。

4. 营销功能 组织形象与公众对该组织的信任和喜欢程度有密切关系。组织美誉度高或者说组织形象好的组织，容易获得公众的信任和喜欢，提供的产品和服务也容易获得消费者公众的信任和支持，更容易吸引消费者购买。因此，良好的组织形象具有长期的促销功能。相反，如果某个组织违背社会道德，破坏环境，损害消费者合法权益，甚至犯罪，组织形象必然很坏，就会失去公众的信任和喜欢。公众对于这种形象差、美誉度低的组织不仅心生反感、厌恶，也不愿意购买该组织提供的产品或服务。

四、现代组织形象的构成要素

组织形象的构成要素主要有三个方面。

1. 组织的总体特征与风格 组织的总体特征与风格是指组织最为显著的、能代表整体情况的一些特点，是社会公众对组织及其行为概括性认识。组织的总体特征与风格分为内在总体特征与风格和外在总体特征与风格。

组织的内在总体特征与风格指组织的精神风格、组织的价值观、组织的凝聚力、办事效率和组织的实力，如组织的人才、技术、资金、企业等级等。

组织的外在特征与风格包括组织的建筑、设备、环境的美化和保护，员工的仪表、服饰、态度，办公用品，厂旗、厂徽、厂歌等。

组织的内在特征与风格和组织的外在特征与风格是一个范畴的两个方面。内在特征与风格是外在特征与风格的支柱和依据，它决定着外在特征与风格的价值取向比较含蓄。外在特征与风格是内在特征与风格的直接表现，很直观，易造成第一印象，使公众迅速了解组织的特色。因此，塑造组织形象时，二者不可偏废。

2. 知名度与美誉度 评价组织形象最基本的指标有两个：知名度和美誉度。知名度是一个组织被公众知晓、了解的程度。这是评价组织"名气"大小的客观尺度。但知名度是一个中性词，没有好坏之分。

美誉度是一个组织获得公众的信任、好感、接纳和欢迎的程度。这才是评价组织社会影响好坏程度的指标.

知名度和美誉度分别从量和质两个方面评价组织形象。一个组织的知名度高，其美誉度不一定高；知名度低，其美誉度不一定低。因此，一个组织要想树立良好形象，就必须同时把提高知名度和美誉度作为追求的目标。

3. 组织形象的定位　组织形象定位是组织在社会公众中确定自身形象特定位置，这个特定位置通常是特定组织与同类组织相比较而确定的。因此，组织形象定位总是根据组织自身的特点、同类组织的情况和目标公众的情况三个要素来实施。

组织形象定位是公共关系实务或者公共关系策划的重要内容之一。一个组织选择什么样的总体特征与风格，在不同时期的知名度、美誉度要达到多高，都有一个定位才能形成组织形象。组织没有统一的组织形象，就无法开发形象资源。而准确的组织形象定位，就为组织的成功奠定了基础。

五、组织形象塑造的意义

1. 良好组织形象可以创造消费信心　组织一旦被公众所认可、信赖，它生产的任何产品、提供的任何服务也就同样被公众认可、信赖。即可以为具有该组织名称的任何一种商品和服务创造出一种消费信心。美国的堪农毛巾公司做了一个实验：这家公司与商店合作，在自己的产品出售时一部分加上堪农商标，另一部分则不加任何商标。结果，尽管毛巾质量完全一样，但售价相同时有商标的销售量是无商标的三倍；将有商标的提价 4 美分后，销售量仍为无商标的两倍。最后，将有堪农标记的毛巾提价 10 美分，两者销量才算拉平。由中国产的青岛啤酒，在美国检验各项指标均高于美国的百威啤酒。但在 1994 年评估时青岛啤酒的品牌价值只有 25.4 亿元人民币，而百威啤酒为 97.24 亿美元。百威品牌价值为青啤的 300 倍，销售额为青啤的 400 倍。由此可见，名牌可使组织扩大产品销路，增加盈利，其知名度越高，含金量就越大，自然销售量也越大。组织形象的作用还促使我们认识到，在当今世界，并非都是物有所值，即并非是一分钱一分货。百威和青啤的例子就说明了这一点。

2. 良好的组织形象是组织产品在市场上无形的"通行证"　良好的组织形象在公众心里有一种延续作用，留下深刻的"烙印"，会在长时间内发生作用，长期地影响顾客的消费心理和消费行动。如果组织有了良好形象，那么组织产品就会赢得广大客户和消费者的信赖，保证销售渠道畅通，并使企业不断顺利地开拓新的市场。这种美好形象的延续作用，促使顾客产生对组织偏爱并持续地保留着消费的渴望，因而不断涌现出新的消费需求。日本家用电器在市场之所以占有很大份额，靠的就是松下、索尼、三洋、日立几个名牌。由于他们一开始进入中国就树立了良好的形象，所以消费者爱屋及乌，信任他们生产销售的任何一种产品。他们出了新产品，公众会很快地接纳。因为消费者信赖的不是新产品，而是生产这种产品的企业。

3. 良好的组织形象优化了组织的生存环境　有人说，如果可口可乐公司遍及全世界的工厂一夜之间被大火烧光，那么，第二天的头条新闻是：各国银行巨头争先恐后地向它贷款，以尽快让它恢复生产。这是因为人们相信可口可乐"世界第一饮料"的良好形象，也是因为它有巨额的无形资产。

在现实生活中，一些知名度、美誉度甚高的企业，其社会地位都比较高，政府和主管部门器重，同行们信赖，金融企业支持，往往振臂一呼，同行响应，有关单位纷纷向它靠拢，心悦诚服地拥戴它。那些有很高信誉的企业，各种投资团体也对之充满信心，愿意慷慨解囊，客户愿意预先付款，社会大众也愿意踊跃掏钱买它的股票。这种社会的理解、信赖和支持，使企业增加了价值和分量，成了企业无形的资产和财富，为解决企业各类难题，争取更有利的外部条件提供了极大的便利。

此外，良好的组织形象还对社会上的人有强大的吸引力，对内有强大的凝聚力，是现代组织竞争的法宝。

正因为组织形象的巨大作用，所以，不少企业步步为营，一点一滴、辛辛苦苦地构筑良好的企业形象，创出名牌，保住名牌，以不断充实自己的竞争实力。现代企业家必须清醒地认识到企业形象在今天的企业角逐和激烈的商战中举足轻重。可以说，今天的商战已转向为一场异彩纷呈的"形象战"。"形象战"是当今商战的主要形式。因此，拿起"形象"这个市场竞争的利器已是刻不容缓。

> **知识链接**
>
> CIS 战略是由三方面的要素构成的：
>
> 理念识别（Mind Identity 简称 MI），或称"思想的识别，观念的识别"；
>
> 活动识别（Behavior Identity 简称 BI），也成"行为识别"；
>
> 视觉识别（Visual Identity 简称 VI），亦称"环境识别"。
>
> 日本企业家们把公众对企业社会组织形成的这三个方面识别组成一块，成为一个系统（System），所以又称 CIS 战略，或企业的识别系统。在 CIS 战略中，上述三个要素是相互联系的整体。

任务二　个人形象礼仪

知识平台

一、仪容仪态礼仪

仪容仪态礼仪是人际交往的通行证，也是人的"第二张脸"。它融合了五官、气质、风度和修养，体现的是个人的整体形象。塑造形象是现代社交礼仪的重要职能，个人形象可以按照礼仪规范进行塑造。因此仪容仪态礼仪的学习和运用有利于人们更好地设计个人形象、维护个人形象，更好地展示个人的良好气质和优雅风度。

（一）仪容礼仪

1. 仪容礼仪的概念　仪容是指人的容貌，是个人仪表的重要组成部分。它由发式、面容及所有未被服饰遮掩、暴露在外的肌肤构成。具体包含三层含义。

（1）自然美　自然美是指仪容的先天条件好，天生丽质。

（2）修饰美　修饰美是指依照规范与个人条件，对仪容作必要的修饰，在人际交往中通过修饰尽量使自己显得端庄秀美。

（3）内在美　内在美是指通过学习，不断提高个人的文化、艺术修养和思想、道德水准，培养出高雅的气质与美好的心灵、使自己秀外慧中。

真正的仪容美是上述三者的高度统一，其中内在美是仪容的最高境界，仪容的自然美是先天存在，而修饰美则是仪容礼仪关注的重点。

2. 仪容卫生 个人卫生可以反映社会的文明程度，体现社会风尚。讲究仪容卫生，做到干净整洁，这是基本要求。

（1）坚持洗澡、洗脸 洗澡能有效去除身上的尘土、油垢、汗味、酒气等异味，使人精神焕发，在社交中能增加自己的自信心，还可以给对方留下好的印象。

如果在社交场合中，脸上常有灰尘、污垢或汤渍，不仅是有失礼貌的表现，还会给别人留下不良的印象。

（2）保持手部卫生 在社交场合中，每一个人都要谨记双手务必做到"六洗"：一是出席礼仪场合之前洗手；二是弄脏后洗手；三是接触精密物品或入口之物前洗手；四是规定洗手之时洗手；五是上卫生间后洗手；六是下班前洗手。另外还要经常修剪指甲，长度以不长过手指为宜。

（3）注意口腔卫生 坚持每天刷牙，消除口腔异味。刷牙坚持"三三原则"，每天三餐后坚持刷牙；每次刷唇颊面、舌面、咬合面三面；每次刷牙三分钟。不能用漱口和嚼口香糖代替刷牙。此外参加社交活动前不吃生蒜、葱和韭菜等具有刺激性气味的食物。

（4）保持头发整洁 勤于梳洗头发，每周至少清洗头发两至三次；定期修剪头发，根据性别、年龄和头发的生长情况合理安排修剪周期。

出门上班前、换装上岗前、摘下帽子时、下班回家时或者必要的时候要及时梳理头发，保持头发形象。梳理头发的时候还要注意：不要在公众场所进行，最好随身携带一把梳子；梳理的断发和头屑不可乱扔，注意公共卫生。

（5）保持脚部清洁 脚作为支撑人体的重要部位，会分泌大量的汗液，可能滋生真菌，因此平时要注意勤洗脚，让它通风，适当进行保健按摩，美化脚部肌肤。

3. 仪容修饰

（1）头发修饰 头发能够反映出一个人的道德修养、审美水平、知识层次及行动规范，选择得体适度的发型可以表现出一个人的良好仪容。主要包括选择发型和适当美发。

（2）面部修饰 一个人的举止风度如何，容貌占了一定比重，但恰如其分的打扮自己才算真美。在现代社交场合中，面部的适当修饰是对别人的尊重。面部修饰主要包括皮肤护理和适度化妆。

（3）肢体修饰 肢体修饰能够反映出一个人的审美与综合素质水平体现，忽略了肢体修饰，个人的整体形象将大打折扣。肢体修饰主要包括手臂修饰和腿部修饰，手臂修饰甚至被称为社交中的第二名片。

（二）仪态礼仪

仪态是指人的身体姿态和风度，它是人身体所表现的样子。在社交场合中，我们要注意必须举止优雅，做到仪态美。

1. 站姿 站姿是一个人的全部仪态的根本之点，俗语有云"站如松"，保持正确的站姿是具有自信的表现，能给人留下深刻的印象。

2. 坐姿 坐姿是一种基本静态体位，是指人们就座时和坐定之后的一系列动作和姿势。正确的坐姿要求"坐如钟"，既能体现形态美，又能体现行为美，端庄优美的坐姿，会给人稳重大方的感受。

3. 走姿   正确的走姿要求是"行如风",即行走动作连贯,从容稳健,步态轻盈。它体现的是一种动态美,直接反映出一个人的精神面貌,表现一个人的风度和风采。

4. 蹲姿   蹲姿是指从站立的姿势转变为两腿弯曲,身体高度下降的姿势。

5. 表情   表情是指人通过面部形态变化表达内心的思想感情。它可以真实反映人们的思想、情感及心理活动和变化,它传达的信息比语言更丰富。它包括脸色的变化、肌肉的舒展以及眉、鼻、嘴等的动作。能够巧妙运用自己眼神、面部表情的人,也是善于塑造自我形象的人。主要有眼神、微笑等的运用。

6. 手势   手势是沟通的肢体语言,是指人们在运用手臂时所表现的具体动作与体位。适当运用手势来辅助语言传情达意,有时会产生意想不到的效果。

手势的基本要求是自然优雅,规范适度。

二、服饰礼仪

(一)服饰礼仪的原则

服饰礼仪总的原则是遵循国际通行的 TPO 原则,即着装与时间、地点和场合相配的原则(Time 时间、Place 地点、Occasion 场合)。时间原则是指着装要考虑时间,适应四季的变换,同时着装要符合时代感。白天工作时间,着装以稳重大方为原则。如有公关活动或商务、社交活动,则以典雅端庄为基本格调。晚间参加宴请、听音乐会等社交活动,则着装更加讲究,按照西方有些国家的规定,看歌剧或听音乐会,男士一律着深色晚礼服,女士要着端庄雅致的裙装,否则不准入场。地点原则是指不同环境需要与之相协调的服饰,以获得视觉和心理上的和谐感。场合原则是指服装与穿着场合气氛相和谐,工作场合要庄重大方,社交场合以时髦个性为宜,而休闲场合则应舒适随意。

(二)男士服饰礼仪

在公关、商务等社交场合,人们的本能总是愿意给那些尊贵的、体面的人以更大的信任、更多的机会,形成了社会地位再生产过程中的"马太效应"。因此男士穿衣不是为了时尚和性感,而是为了人生和事业,透过他稳重严谨富于逻辑的服装外表传达出他的权威感和影响力,这也是为什么政治家、商界人士总是严谨而挺括地出现在我们面前的原因。美国华盛顿联邦银行总裁辛可利时常告诫属下的主管:"如果你要别人以专家对待你,你就必须穿得像一个专家。"如何才能使自己穿得像一个专家?最有效办法就是穿一套剪裁得体、质地优良的西装。

要使自己的西装穿得合适得体,必须在西装的穿法和搭配上既遵守礼仪规范又有个人风格。

1. 西装穿着规范

(1)坚持三色原则   穿西装的时候,全身的颜色不能多于三种,即包括西装、衬衫、领带、鞋子和袜子在内,全身颜色应该在三种之内。

(2)系扣有规矩   穿单排扣西装时,若是两粒纽扣西装,讲究"扣上不扣下",只系上面的纽扣;若是三粒扣西装,则系中间或上面两颗纽扣。而双排扣的西装,则必须系上所有的纽扣,才显得左右对称。穿西装背心则应系上全部纽扣,但穿单排扣西装时，背心最下面的纽扣不必系上。

（3）衬衫穿着规范　每套西装一般需有两三件衬衫搭配，在色彩上以白、蓝、棕、黑等色彩为主。衬衣领子高过西服 1cm，袖子长过西服 1cm 为最美观。系领带时穿的衬衫要贴身，不系领带时穿的衬衫可宽松一点。

（4）内衣搭配　西装的标准穿法，是衬衫之内不穿内衣。但如果天冷的原因，要穿内衣则有讲究，以穿一件为宜，并且色彩宜与衬衫的色彩相仿，款式上短于衬衫，舒适且合体。几乎看不出里面穿内衣为最好。

（5）少装东西　在西装的上衣的左侧外胸袋上，最多可以插入一块用以装饰的真丝手帕，内侧的胸袋，可用来放钱夹、钢笔等，外侧下方的两口袋，以不放任何东西为佳。最好买来西装后不要拆开那两个口袋的线，不拆开自然就不会放东西。裤子的口袋只能放纸巾等极少量东西，而裤子后面的口袋不能放任何东西。

2. 佩戴领带规范　领带是男人的概念和风格，是男人全身最能表达自我的工具。领带是男士打扮的焦点，通过它能展现穿戴者的修养和品味。在西方，人们普遍形成一个观点：不戴领带的人是事业上的失败者；任何商业会议都需要佩戴领带，这是惯例和常识。

（1）注意场合　系领带有其适用的特定场合，因为系领带意味着郑重其事。办公、开会、出差、执行公务和参加宴会等，穿西服套装，一定要打领带。但在非正式场合，穿西装可以不系领带，但衬衫的第一个扣子一定要解开。

（2）与季节相配　秋冬季穿深色西服时，选配深色调、图简色雅的领带；春夏季穿浅色西服时，宜选色调、图案配色较丰富、鲜亮的领带。

（3）讲究结法　领带要打得挺括、端正，在外观上呈倒三角形。流行的系法是在紧挨领结的地方，可巧妙地打出一个微凹的面，可以增强领带的立体感，西方人称之为"男人的酒窝"。领带结的大小，则与衬衫衣领成正比，衬衣领口越宽，领结应越宽。

（4）注意长度　领带打完后，领带尖长于腰带显得不精干，短于腰带又显得小气。最标准的长度是领带下端的大箭头正好到达皮带扣的上端。

（5）巧配西装　选择领带的基本原则是，领带与衬衫、西装之间的颜色要和谐、调和。如印有几何图案的领带应该选择与西装同色系或对比色系配搭，领带上的圆点、网纹或斜条的颜色应选择与衬衫相同的颜色。

3. 西装佩饰规范　在男人的佩饰中主要包括皮鞋、皮带、手表、钢笔、公文包等。

（1）鞋袜的穿着与搭配　与西装配套的鞋子应是真皮、深色、单色，以黑色皮鞋为最佳。正式场合宜穿系带式皮鞋，少穿压花式皮鞋，保持鞋面无尘，鞋内无异味。每双鞋只穿一天为宜，并当日涮干净鞋边，鞋跟磨损过后应及时修补或丢弃。与皮鞋配套的袜子，应是深色、单色为主，最好是黑色的，不要穿对比鲜明的白色或彩色袜子。应注意袜子的长度，坐着的时候，袜子应遮盖裤脚和鞋子之间的部分，避免坐下谈话时露出皮肤。

（2）选择精致的小配饰　男士的配饰宜精不宜多，但要讲究质量。如一支好的钢笔能让你在商务工作中更吸引眼球。所以，一支精美的钢笔成了男士必备的装饰；支付能力范围内，尽量选择高质量的并和衣服相配的名牌手表；选择质量上乘的，最好与皮鞋、公文包同色的皮带；还有手提式的牛皮或羊皮制品的公文包；等等。

（三）女士服饰礼仪

女士在工作场合尤其当代表一个组织的形象时，穿上端庄大方的职业装，能展现其内在的文化内涵和职业风范。切记女性只有拥有引人注目的高质量、有品位的外表才能让别人尊重你、信任你，从而对你的事业起到推波助澜的作用。女性在公务场合的服饰应职业感第一，时尚感第二。非职业化的穿着则会显示出对自己和对工作单位的不尊重。在正式场合，西装套裙是所有职业装中的首选。

1. 套裙选择规范 西服套裙分两种基本类型，一种是用女式西装上衣随意搭配一条裙子，称之为随意型，另一种是女式西装上衣和与之同时穿着的裙子为成套设计、制作而成，称之为标准型。标准型套裙一般用于正式、隆重的会议、迎宾接待的公务场合。一套经典的可供公务女性在正式场合穿着的套裙，一般具有以下特色：

（1）重视质地 高档面料缝制，量体裁衣，做工考究。上衣与裙子采用同一质地、同一色彩的面料，它在造型上讲究为着装者扬长避短。风格要合时，但不要过于时髦。上衣注重平整、挺括、贴身。裙子以窄裙为主，"裙短则不雅，裙长则无神"，一般裙长及膝或过膝为宜。

（2）色彩要正 西服套裙色彩，不仅要兼顾着装者的身份、年龄、性格、体形等，更要与着装者从事公务活动的具体环境协调一致。一般套裙色彩以冷色调为主，应当清新、雅气而凝重，以体现着装者的典雅、端庄和稳重。藏青、炭黑、茶褐、土黄、紫红等稍冷一些的色彩都可以。最好不选鲜亮抢眼的。有时两件套套裙的上衣和裙子可以是一色，也可以是上浅下深或上深下浅等两种不同的色彩，这样形成鲜明的对比，可以强化它留给别人的印象。

2. 套裙穿着规范

（1）穿着到位 按常规，正式场合穿套裙时，上衣的衣扣全部系上，不允许将其部分或全部解开。上衣的领子要完全翻好，衣袋的盖子要拉出来盖住衣袋，不能将上衣披在身上或者搭在身上，裙子要穿得整整齐齐。

（2）区分场合 一般场合，可着裙装，也可选用简约、品质好的上装和裤装，并配以女式高跟鞋。具体要视职业、单位性质而定。除了职业装，商务女性也可大胆尝试能够体现女性魅力的服饰。如出席宴会、音乐会时，酌情选择与场面相协调的礼服或时装；旅游购物或健身，可穿休闲或运动服。

（3）整体和谐 职业女性的穿着应讲究从头到脚的整体感，因此需要经常花心思在服装的变化上，并懂得如何巧妙的装饰、点缀，使其免于死板。最好能将不同的套装巧妙地搭配穿用，做到既经济实惠又时尚。

3. 套裙配饰规范 套裙的配饰，主要应精心考虑衬衫、内衣和鞋袜的选择。

（1）衬衫的穿着规范 与套裙配套的衬衫，面料上要求轻薄而柔软的自然面料为主，如真丝、麻纱和涤棉等，色彩上要求雅致而端庄，并且不失为女性的妩媚，除了作为基本色的白色外，其他各种各样的色彩，包括流行色在内，只要与所穿的套裙色彩相和谐，均可作为衬衣的色彩，但最好以单色为最佳色彩。如果衬衣色彩与所穿套裙色彩互相般配，则可以外深内浅或内深外浅。衬衫的下摆必须掖入裙腰之内，不得任其悬垂于外，或是在腰间打结。衬衫的纽扣要一一系好。除最上端的一粒纽扣按惯例允许不系外，其他纽扣均不得随意解开。

（2）鞋袜搭配规范　工作场合穿的鞋，鞋跟不要太高太尖，中跟为好。细高跟适合晚礼服时穿着。鞋的颜色要和服装的颜色相配，总原则是鞋子的颜色必须深于衣服颜色，如黑色、深棕褐色、暗灰蓝色等最能方便地搭配正式服装、半正式服装的颜色，如果比服装颜色浅，那么必须和其他装饰品颜色相配。露脚趾的皮凉鞋是不允许在礼仪场合穿着的，否则会被认为缺乏教养，没有礼貌。

袜子被人称为"足上风光"。正式场合一定穿长丝袜或连裤袜。袜子颜色尽量与腿部颜色相近似。希望腿部看上去苗条些，可穿比自己肤色略深的颜色，好丝袜要能看见肌肤。腿部较粗的女士，最好不要穿黑色丝袜，否则会使腿部细的地方更细，粗的地方更粗，反而起不到扬长避短的作用。彩色、花色或带网眼的丝袜，千万不能在职业场所中出现。

（3）内衣和手袋规范　内衣是贴在女性身上的一层美丽。看一个女人的内衣，就可以了解她的生存方式和精神状态。胸罩和内裤最好是同一色系同一款式，穿上内衣后，身体感觉舒适而隐在套装内，不会一目了然地展现在外面。需要注意的是内衣不准外露，内衣不准外穿。穿套裙时，尤其是穿丝、棉、麻等薄型面料或浅色面料的套裙时，应当穿衬裙。

手袋是女性拎在手上的时尚。时尚品位感主要体现在外形、质地、包带、佩件和图案等。不同质地的手袋有不同的形象立体感，表面的纹理和光泽还会强化手袋立体形象感，因此有远看其形，近看其面的说法。手袋还要与身材相和谐。小巧玲珑的身材应选择精致小巧的手袋，而身材高大的女士适合款式大方体积偏大的手袋。

任务三　一般社交礼仪

知识平台

日常交往礼仪，是指日常交往中的称呼、介绍、握手、交换名片等基本的礼仪规范。注重日常行为礼节，养成好习惯，能提升个人魅力，有利于打开成功的大门。

一、称呼礼仪

称呼又叫作称谓，是人际交往中所用的表示相互关系或身份、职业的名称。不论在什么场合，不论与什么人交往，要引起对方的注意，首先必须以某种称呼来呼唤对方。称呼是人际沟通的信号与桥梁，也是表达情感的重要手段。

（一）称呼的方式

选择正确的、适当的称呼，既反映着自身的教养，又体现着对他人的重视程度。在工作岗位上，人们所使用的称呼有其特殊性。例如，把"张局长""王处长"，称为"张局""王处"等，但在正式场合，不宜用简化性称呼。那样就显得不伦不类，有失礼貌。

下述正规的 5 种称呼方式，是可以广泛采用的。

1. 称呼行政职务　在商务交往中，尤其是在对外界的交往中最为常用。表示交往双方身份有别。

2. 称呼技术职称 对于具有技术职称者，特别是具有高、中级技术职称者，在工作中可直称其技术职称，以示对其敬意有加。

3. 称呼职业名称 一般来说，直接称呼被称呼者的职业名称，如医生、律师等，往往都是可行的。

4. 称呼通行尊称 通行尊称，也称泛尊称，通常适用于各类被称呼者。诸如"同志"、"先生"等，都属通行尊称。不过，其具体适用对象也存在差别。

5. 称呼对方姓名 同事、熟人，可直接称呼其姓名，以示关系亲近。但对尊长、外人不可如此。

（二）称呼的技巧

称呼多用在交往的开端，用称呼表达出对人的尊敬，是交往礼仪的基本要求。对人用尊称，对己用谦称，正是我国传统美德的一种体现。

1. 对人用尊称 中国人特别重视自己的姓名，在商务交往中对他人指名道姓，直呼其名，是失礼的行为。"尊称"的要求是：对具有一定职务或职称的人，应在其姓名之后或者姓之后加上职务、职称或以学位相称，职业也可以作为称呼，如王老师、吴大夫、李律师等。为对德高望重的老领导、老专家表示由衷的敬重，一般在对方的姓氏之后加"老"或"公"字相称。如，"张公""徐老"等。

根据我国的传统礼仪，称呼他人的亲属时也应当用尊称，用得最为广泛的是以"令""尊""贵""贤"等构成的一系列尊称词。

2. 对己用谦称 对自己的谦称常用"在下""学生""小弟""鄙人"等。按照传统礼仪的习惯，在向他人称呼自己的亲属时，常在亲属称呼前冠以"家""舍"等字。"家""舍"二字都是表达谦恭、平凡的意思，有长幼之分。一般说来，"家"用于指称比自己辈分高、年长的亲人，如向人称自己的父亲为"家父"，母亲为"家母"；向人称自己的兄长为"家兄"。"舍"则用于向人谦称比自己卑幼的亲人，如对人称自己的弟弟和妹妹为"舍弟"，"舍妹"等。

3. 正确用"先生""小姐"等称呼 在交往中，对男性可一律尊称为"先生"；而对女性的称呼就比较复杂了，应根据对方的婚姻状况，分别称之为"小姐"（未婚女性）、"太太"或"夫人"（已婚女性），"女士"等。交往对象婚姻状况不明时，尽量回避使用"小姐"或"夫人"称呼对方。

4. 借助常用的称呼语进行交往 在人际交往中，为了表明与对方的熟悉程度或尊敬之意，对不同的人可以分别称呼其姓名、职务、职称、学衔或职业；对于一般同事、同学、平辈的朋友、熟人，可以直接以姓名相称。长辈对晚辈可以姓名相称，晚辈对长辈则不可。

5. 见面多用尊称，适当用好尊称与雅语 见面多用尊称，是人际交往中双方最好的礼物。学说会说多说"您"字，如对德高望重的长辈，可以在其姓氏后面加"老"字或"公"字，如"王老""谢公"等。

尊称虽多见于书面，但用于口语亦显得文雅。适当使用尊称，也会给人以不俗的感觉。如初次见面说"久仰"，好久不见说"久违"；请人评论说"指教"，求人原谅说"包涵"，麻烦别人说"打扰"等。

二、介绍礼仪

（一）自我介绍

自我介绍，就是在必要的场合，把自己介绍给其他人，使对方认识自己。人们初次相见，彼此都有一种了解对方的愿望，都有一种需要被人重视或尊重的心理。如果能在与人初次见面后，及时、简明地进行自我介绍，不仅满足了对方的渴望，而且对方也会以礼相待，主动作自我介绍。这样，双方以诚相见，就为进一步的交往奠定了良好的基础。

（1）自我介绍的类型　自我介绍可以分为主动型自我介绍和被动型自我介绍两种类型。

①主动型自我介绍是当欲结识某个人或在无人引见的情况下，可自己充当自己的介绍人，将自己介绍给对方。

②被动型自我介绍是应他人要求，将自己某方面的具体情况进行一番自我介绍。

（2）自我介绍的技巧

①内容真实，详略得当：首先表述内容应实事求是。既没必要自吹自擂，也没必要过分自谦，遮遮掩掩。根据需要决定内容的详略。一般礼仪性的自我介绍应简单明了，只要讲清自己的姓名、身份即可。求职应聘时不仅要讲清楚自己的姓名、身份，而且要将自己的学历、资历、性格、专长、能力介绍清楚，要充分显示自己的特长。这样才能在众多的应聘者中脱颖而出，获得招聘单位的青睐。

②形式标准，方式灵活：公务型的自我介绍，主要适用于正式的因公交往，形式应符合标准要求，通常由本人的单位、部门、职务、姓名等项内容构成。但进行自我介绍时，面对不同的对象要灵活地采取不同的方式。

③态度从容，充满自信：首先，要态度从容要。自我介绍时有一个良好的面部表情和姿态。微笑要自然、亲切，眼神要和善，态度要恭谨有礼。其次，要充满自信。即对自己的能力和特长要敢于肯定。只有充满自信的人，才能使对方产生信赖与好感。

④把握介绍的时间与时机：在介绍自己时，要有意识地抓住重点，言简意赅，努力节省时间。一般介绍自己所用时间以半分钟左右为佳。若无特殊原因，不宜超过 1 分钟。为了提高效率，在自我介绍时，可利用名片、介绍信等资料加以辅助。

自我介绍应在适当的时候进行。最好选择在对方有兴趣、有空闲、情绪好、干扰少、有要求之时。如果对方兴趣不高、工作很忙、干扰较大、心情不好、没有要求、休息用餐或正忙于其他交际之时，则不太适合进行自我介绍。

（二）介绍他人

从礼仪上来讲，介绍他人时，最重要的是被介绍双方的先后顺序。同时也要注意实事求是、热情周到等。

1. 介绍他人的顺序　介绍他人时要遵守"尊者优先了解情况"的原则。先要确定双方地位的尊卑，即要具体分析一下被介绍双方身份的高低，应首先介绍身份低者，然后介绍身份高者。这是因为身份高者有优先知道对方姓名的权利。为他人作介绍时的礼仪顺序大致有以下几种。

（1）介绍上级与下级认识时，先介绍下级，后介绍上级。

（2）介绍长辈与晚辈认识时，应先介绍晚辈，后介绍长辈。

（3）介绍年长者与年幼者认识时，应先介绍年幼者，后介绍年长者。

（4）介绍女士与男士认识时，应先介绍男士，后介绍女士。

（5）介绍已婚者与未婚者认识时，应先介绍未婚者，后介绍已婚者。

（6）介绍同事、朋友与家人认识时，应先介绍家人，后介绍同事、朋友。

（7）介绍来宾与主人认识时，应先介绍主人，后介绍来宾。

（8）介绍与会先到者与后来者认识时，应先介绍后来者，后介绍先到者。

在具体交往中，应根据实际情况灵活运用介绍的顺序。如当男士位高望重而女士为年轻晚辈时，则应先把女士介绍给男士；又如集体介绍时，可按座次顺序，也可从贵宾开始介绍。

2. 介绍要实事求是　介绍的内容除姓名外，一般还包括工作单位、职务、职称、兴趣爱好、突出成就以及与介绍人的关系等，一定要分场合有选择地进行实事求是的介绍。

3. 介绍要热情周到　介绍他人认识的目的，是为了使双方建立交流关系，联络感情，融洽气氛。介绍时必须亲切、热情、礼貌周全。在日常的交际场所为他人作介绍时，介绍人一般应以"请让我来介绍一下"之类的导入语开头，以引起被介绍者的注意。介绍时要语调亲切，面露笑容，正确运用手势。要四指并拢，掌心向上指着被介绍一方，不可用手指乱点或用手拍打被介绍者的肩和背。目光要友好地跟着被介绍人走，不可东张西望，心不在焉。

在介绍时，除女士与年长者外，被介绍人一般应起立、微笑握手致意，并说"您好""幸会""久仰"之类的客套话。如果介绍是在谈判桌或宴会桌上进行，被介绍的双方可不必起立，只需微笑点头即可，介绍后可说些客套话。

4. 介绍方式要灵活　实际需要不同，为他人作介绍时的方式也不尽相同。如适用于正式场合的标准式，以介绍双方的姓名、单位、职务等为主。适用于一般的社交场合的简单式，只介绍双方姓名一项，甚至只提到双方姓氏而已等。

（三）问候与寒暄

不论古今中外见面交谈一般都从问候与寒暄开始，必要的问候与寒暄不仅是一种不可少的客套，还可以拉近双方的距离，为以后的深入交谈作情感上的铺垫。

问候又称问好或打招呼。一般而言，它是人们与他人相见时，以语言向对方进行致意的一种方式。它适用于人们见面之初，以热情简洁的语言互相致意，或者用于交谈的导入阶段。表示向他人询问安好、关切或者致以敬意。问候语虽然简短，却是人际关系发生发展的起点，应给予重视。

1. 问候的顺序　在正式会面时，宾主之间的问候，在具体的次序上有一定的讲究。

（1）两人见面　两人见面时，双方均应主动问候对方，而不必等待对方先开口。不过在正常情况下，一个人与另外一个人之间的问候，标准的做法是"位低者先行"。即双方之中处于地位较低的一方，应当自觉地首先问候地位较高的一方。如男性先问候女性，晚辈先问候长辈，年轻人先问候老年人，下级先问候上级，年轻女性先问候比自己年龄大得多的男性。总之，主动问候，这是尊重他人的表示，即使你比对方年长，主动问候也不失自己的身份，只会多增加一份友情。

（2）与多人见面问候　当一个人与多人见面时，问候对方有两种具体方法。一是由尊而卑、由长而幼地依次而行，也可以由近而远地进行，依次问候对方。二是统一问候对方，而不必具体到每个人。例如，"各位好！""大家好！"等。

2. 问候与寒暄的注意事项

（1）态度真诚　问候与寒暄是信息的传递，也是情感的变流，其态度是否真诚是交流能否成功的前提。在日常的交谈中，只有诚恳地以心换心，坦诚相见，才能唤起相互之间的信任感与亲切感，增进双方的了解与友谊。那些惯于装腔作势、夸夸其谈、言不由衷的人，不仅不能与他人进行有效的沟通，而且易于引起人们的反感。

（2）表情亲切　表情是人体语言最为丰富的部分，是人的喜、怒、哀、乐等内心情绪的流露，主要体现在人的目光和脸部表情上。问候与寒暄应具有亲切的表情。要用稳重、柔和的目光注视着交谈对象。切忌目光左顾右盼或闪烁不定，也不可盯住对方的嘴、手或其他某一部位不动。做到温文尔雅，把握分寸。

（3）姿态优雅　人的动作与姿态是人的思想情感与文化修养的外在表现。在问候与寒暄时，必须保持优雅的姿态，以博得对方的好感。不论是站着还是坐着交谈，都要将自己的身体正面朝着对方。站立时，抬头挺胸，收腹立腰，给对方以挺、直的美感。入座时坐姿要端正、大方。不论坐椅子或沙发，最好不要坐满，上身端正挺直，手放腿上或沙发扶手上，两腿并拢平列，女性可小腿交叉，以示尊重对方。

（4）话题恰当　选择恰当的话题是交谈的关键。相互寒暄时，应观察对方的表情、体态，以判断其对谈话的关注程度，并经常征询对方的意见，给予对方谈话的机会。寒暄忌讳涉及隐私。如对女士不问年龄、婚否、服饰价格等，对男士不问钱财、收入等。

三、握手礼仪

握手是人们在社交场合不可缺少的礼节。在日常交往中，人们见面时习惯以握手相互致意，分别时以握手送别；受到别人帮助后，以握手表示谢意；别人取得成就时，握手向对方表祝贺。可以说"聚散忧喜皆握手，此时无声胜有声。"握手是人们在社交场合司空见惯的一种礼仪，它看似平常，却是沟通思想、交流感情、增进友谊的重要形式。文雅而得体的握手，是人们必须掌握的一种交际艺术。

（一）握手的类型

1. 单手相握　用右手与对方单手相握，是常用的握手方式。

（1）"平等式握手"　手掌垂直于地面并合握。地位平等或为了表示自己不卑不亢多采用这种方式。

（2）"友善式握手"　自己掌心向上与对方握手。这种方式能够显示自己谦恭、谨慎的态度。

（3）"控制式握手"　自己掌心向下与对方握手。这种方式显得自高自大，基本不予采用。

2. 双手相握　即用右手握住对方右手后，再以左手握住对方右手的手背。这种方式，适用于亲朋好友之间，以表达自己的深厚情谊；不适用于初识者或异性，那样握手，会被误解为讨好或失态。

（二）握手的姿势

握手时，双方相距约 1 米，上身稍向前倾，头要微低，伸出右手，四指并拢，拇指张开，两人的手掌与地面垂直相握，并轻轻摇动，一般以 2~3 秒为宜。握手时应面带微笑地注视对方的眼睛，以示认真和恭敬。

男士与女士握手，一般只能轻握女士的手指部分。两个女士握手，与男女握手的手势相同。两个男士握手，最好是虎口相切，代表热情和力量。

握手时，双方应正视对方，面带笑容，并以简要的言语向对方致意。例如，可说一些客套话，如"您好"、"认识您很高兴"等。当知道对方受到表彰或有喜事时可说"恭喜您"、"祝贺您"以表示祝贺，欢迎客人时，可说"欢迎您"、"欢迎光临指导"，送客时说"祝您一路顺风"表示祝福。对尊敬的长者握手可采取双握式，即右手紧握对方右手时，再用左手加握对方的手背和前臂。除了年老体弱或有残疾者外，不能坐着握手。

握手力量要适度，正式场合的握手力度，代表热情。可以多练习，掌握握手的力度，太重或太轻都有失礼。一般来讲，如果两个人比较熟悉或久别重逢，力度可以大些，时间也可长些。

（三）握手的顺序

握手的先后顺序一般遵循"尊者决定"的原则，即由主人、上级、长辈和女士先伸手，客人、下属、晚辈和男士一般应先问候，待对方伸出手后，再伸手与之相握。所以，当见到长者、上级、女士或小姐时，不宜贸然伸手。具体的顺序如下。

（1）身份高者与身份低者握手，应由身份高者首先伸出手来。

（2）女士与男士握手，应由女士首先伸出手来。

（3）已婚者与未婚者握手，应由已婚者首先伸出手来。

（4）年长者与年幼者握手，应由年长者首先伸出手来。

（5）长辈与晚辈握手，应由长辈首先伸出手来。

（6）社交场合的先至者与后来者握手，应由先至者首先伸出手来。

（7）主人应先伸出手来，与到访的客人相握。

（8）客人告辞时，应首先伸出手来与主人相握。

正式场合，握手时伸手的先后次序主要取决于职位、身份。在社交、休闲场合，则主要取决于年龄、性别、婚否。

但当别人不按照先后顺序的惯例已经伸出手时，都应毫不迟疑地立即回握，拒绝他人的握手是不礼貌的。

（四）握手的禁忌

（1）握手时，另外一只手不要拿着报纸、公文包等东西不放，也不要插在口袋里。

（2）不要在握手时争先恐后，应当依照顺序依次而行。

目标检测

一、单项选择题

1. 组织形象是社会公众对于组织的（　　　）

  A. 总印象和总评价 B. 印象   C. 观点   D. 看法

2. 仪容是指人的（ ），是个人仪表的重要组成部分

  A. 外表   B. 服饰   C. 面容   D. 容貌

3. 服饰礼仪遵循的原则是（ ）

  A. IOS   B. TPO   C. IPO   D. WWW

二、多项选择题

1. 构成组织形象的要素有（ ）

  A. 塑造形象   B. 总体特征与风格 C. 知名度

  D. 美誉度   E. 形象定位

2. 在着装时要注意（ ）

  A. 时间   B. 人物   C. 场合

  D. 事件   E. 地点

3. 称呼礼仪一般采用以下（ ）方式

  A. 称呼行政职务 B. 称呼技术职称 C. 称呼职业名称

  D. 称呼通行尊称 E. 称呼对方姓名

三、简答题

1. 组织形象的概念是什么？

参考答案

项 目 一

一、填空题

1. 艾维·李。

2. 《公共关系学》。

3. 伦敦。

二、简答题

1. 公共关系在中国大陆的发展主要分为以下几个阶段：

（1）引进、开创时期（1980～1985）：20 世纪 80 年代初，公共关系主要局限在我国改革开放的前沿阵地，沿海开放城市。

（2）适应发展的时期（1986～1993）：公共关系业务具备了良好的发展势头，有效促进公共关系的职业化、学科化的发展。

（3）普及运用时期（1994 年至今）：从 1994 年开始，公共关系作为一种管理功能，被引入各行各业的管理领域，各行各业开始出现公共关系职能部门。

2. 公共关系对我国发展的现实意义，具体表现为以下几个方面：

（1）现代公共关系的发展能够促使市场经济更加充满活力。

（2）现代公共关系的发展有利于社会稳定。

（3）现代公共关系的发展能够增强社会组织的活力。

（4）现代公共关系的发展有利于人的全面发展。

3. 首先，经济发展为公共关系的产生提供了可能。经济发展不仅促成了公共关系的产生，而且为公共关系的发展提供了源源不断的动力。

其次，公共关系发展反作用于经济发展，为经济高速发展保驾护航。

再次，在网络高度发达，经济全球化的新经济条件下，公共关系迎来高速发展的同时，正面临着新的挑战。

4. 现代公共关系从 19 世纪的美国报刊运动开始，经历了三个时期：

（1）现代公共关系的兴起阶段。这个时期主要是利用报刊，编造神话来欺骗公众，获取经济利益的时期。

（2）现代公共关系的职业化阶段。这个时期产生了最早的公共关系从业人员，艾维·李是其中最杰出的代表，后来被誉为"公共关系之父"。

（3）现代公共关系建立科学体系阶段。这个阶段建立了公共关系理论，出版了公共关系教材，成立了公共关系学院，公共关系迅速崛起。

项目二

一、1. A　2. A　3. D

二、1. BCE　2. ABCE　3. BDE

三、1. 公共关系机构是组织内部从事公关工作的部门和社会上提供公关服务和代理的组织的总称。公共关系机构主要包括公共关系部、公共关系公司、公共关系协会。

2. 公共关系人员指专门从事组织机构公众信息传播、关系协调与形象管理事务的调查、咨询、策划和实施的人员。从狭义上讲是指以公关为职业的专职人员，包括组织内公关职能部门工作人员和社会上公关公司专业人员。从广义上讲是指从事与公关相关工作的专、兼职人员。从事公关工作的人员应该具备强烈的公关意识、良好的心理素质、全面的知识能力等基本素质。

3. 公共关系职业道德是社会职业道德规范的一部分，它是公共关系人员践行公共关系职业道德规范的指导和要求。主要包括：爱岗敬业、诚实守信、办事公道、服务公众、严守机密。

公共关系人员的职业准则是：遵纪守法，不损害社会道德和他人正当权益；忠于职守，自觉维护组织信誉；公正诚实，不传播虚假信息。

项目三

一、单项选择题
1. D　2. C　3. C　4. A　5. C　6. D　7. D　8. A　9. A　10. B

二、多项选择题
1. ACE　2. ABC　3. ACDE

三、简答题

1. 公关活动程序中的这四个环节之间既相互独立又相互联结，构成了系统性、连续性和规范性的公共关系活动：公关调查是公关策划的前提与基础，公关策划方案是活动实施的指南与依据，而活动方案的实施过程与结果则是评估的主要内容与对象。

2. 针对组织需要解决的公关问题进行整体的构思和设计，确定公关活动的目标、主题和战略，制定最佳的活动方案与计划策划是一项复杂、系统的工作，包括策划前期的准备、目标决策、公众界定、活动方案制定、编制预算和撰写策划书等众多步骤。

项目四

一、单选题
1. A　2. D　3. B　4. B　5. C

二、多选题
1. ABCDE　2. ABCDE　3. ABCD　4. ABCDE　5. BDE

三、简答题

1. 公共关系专题活动的一般组织程序包含哪几项？

（1）调查研究：分析社会组织的形象、现状及原因，即对社会组织进行"诊断"，从而为选择公关活动目标和方法提供依据。

（2）策划：确定目标。设计主题。选择活动方式。经费预算。

（3）实施：制定实施方案，筹备工作，活动进行。

（4）评估：采取不同的方法进行评估工作。

2. 检测展览会效果的方法有哪些？

（1）设置公众留言簿

（2）召开公众座谈会

（3）委托记者采访

（4）开展问卷调查

（5）组织有奖测验

3. 如何做好举办新闻发布会前的准备工作？

（1）确定举行新闻发布会的必要性

（2）确定新闻发布会的主题

（3）确定举行新闻发布会的时机与地点

（4）确定邀请记者的范围

（5）选择发布会的主持人和发言人

（6）准备发言提纲、报道提纲和辅助宣传材料

（7）制定经费预算

（8）其他准备工作

四、实训题

1. 略

2. 答题要点：

（1）称呼

（2）主题，简要介绍发生的事情

（3）说明真相

（4）讲清原因，是人为事故还是形式不可逆转、不可抗拒。

（5）教训，总结教训

（6）亮出措施；结束语，做出承诺

项 目 五

一、1. AE　2. ABCD　3. AE　4. BC

二、1. 公众关系包括内部公众关系和外部公众关系。内部公众关系是指组织内部纵向公共关系和内部横向公共关系的总称。组织内部公众关系是组织所有公共关系的基础，包括员工关系和股东关系。

外部公众关系是指组织与其外部各方面关系的总称。建立良好的外部公众关系是

组织生存发展的必要条件。主要的外部公众关系有顾客关系、媒介关系、政府关系及社区关系等。

2. 内部公众关系包括员工关系和股东关系。

员工关系的协调沟通方法有：培养并形成良好的价值观念，引导和控制员工的行为；了解和尊重员工的需要，理解并尽力满足不同需求；建立正常的沟通渠道；开展各种联谊活动；建议领导改进工作作风。

股东关系的协调方法有：激发股东的主人意识；让股东成为推销伙伴；使用年度报告、股东大会、信函、调查表等形式与股东保持有效沟通。

项目六

一、简答题

1. 公共关系营销是以公共关系为主导的市场营销，主要通过传播沟通来收集信息、分析市场行情、协调与公众的关系，以帮助组织在市场竞争中更科学地利用"天时"、"地利"、"人和"等因素，全面准确地了解和把握消费者的心理、需求及其变化趋势，使组织有的放矢地进行经营管理的营销策略。

联系：公共关系营销是公共关系与市场营销二者的结合，运用现代公共关系的原理，从一个全新的角度来进行市场营销的策划和实施，树立良好的组织形象，营造适宜的营销环境，使产品借助企业的知名度和美誉度进入市场，实现销售。公共关系营销是市场营销的促销工具之一；二者都借助大众媒介进行传播；

区别：（1）传播形式不同。市场营销为达到直接促销，它注重的是产品的设计（包装、装潢）、商标、商品的价格，促销的方法以及分销的渠道；公共关系营销立足于长远，它以美誉为目标，以互惠为原则，以真诚为信条，以沟通为手段，主要借助于新闻报道、公益活动、事件营销、公关广告、社会交往等，以便及时跟踪公众需求趋势，尽力满足公众需求，保持在社会组织与公众之间良好的沟通关系。

（2）目标公众不同。市场营销的目标公众主要是客户和消费者。公共关系的目标公众则包括内部公众（包括员工公众和股东公众）和外部公众（包括顾客公众、媒体公众、政府公众、社区公众、竞争者公众等）。

2. 根据组织发展阶段不同特点，组织公关营销策略有所侧重：

（1）创业阶段，公关营销应该以树立企业和营销品牌的形象为主，让消费者认识企业、接受品牌。这一阶段的公关营销应以创牌、开拓市场为目的，创造对企业有利的外部市场环境；鉴于企业处于初步阶段，人力财力不够雄厚，可采取一些低成本的公共营销手段，如可以在一定的地域范围内进行新闻发布、赞助本区域相关的赛事活动、创意征集活动、制造媒介事件等；应网络时代的潮流，企业可以进行网络公关（企业网络赞助活动、制造网络媒介事件、建立网络互动虚拟社区等）。

（2）企业成长阶段，公关营销应该以提高企业和产品知名度为主，建立自身强大的竞争优势。这一阶段企业和产品实力不断增强，有了一定人力和财力基础，企业可以在更大的区域内进行公关营销，可以采用大范围新闻发布、赞助大范围大型的活动赛事、创意征集、公益广告等。

（3）企业成熟阶段，公关营销应该以与时俱进、不断创新为主，使企业不断进步，适应科技和潮流的发展。这一阶段企业和产品都已经具有了相当的实力，发展趋于平稳，要想在这一阶段成为市场赢家，公关营销必须体现出企业和产品的特色，建立企业独特的竞争力，除了采用新闻、赞助、事件之外，企业可以采用电视专题、文化公关策略。

（4）企业衰退阶段，公关营销应该以回归本真、贴近顾客为主，在维系原有顾客忠诚的同时，努力培养新顾客。这一阶段企业和产品发展缓慢，开始衰退，企业和产品的公关营销活动应该以延长企业和产品生命周期为目的，取得长远发展。该阶段企业采取适宜的内部公关策略十分重要，目的是使内部更加团结有力、增强凝聚力。

3. 公共关系营销的渠道丰富多样，包括出版物、产品推介演讲、特定事件、新闻、公益活动、识别性标志、广告、社交活动等。

公共关系营销渠道管理策略

（1）完善终端顾客管理体制，应该坚持树立"以顾客为中心"的营销理念，使顾客获得更大的利益。围绕终端顾客的四个基本需求来展开。

（2）创建终端客户俱乐部，为了更好地培养新市场对组织深厚感情与和谐的商业气氛，组织需要有计划地与终端客户建立深度战略合作。对经营长久、思维新潮的终端，可与其建立战略伙伴关系，定期举办联谊会、新品发布会、政策阐释会，会间通过新品测试、信息收集、联欢、礼品派送等形式大大增进交流，加强品牌忠诚度，让终端客户了解知道组织大概的发展目标和近期举动，并做出相应的准备。

（3）加强顾客信息的管理，建立顾客信息数据库。

二、论述题

凡是到该药店购药者都可办理积分卡，积分卡可以在该药店使用，总店和每个分店都将为持卡者提供周到的服务并给予优惠，能够稳固老客户，增加顾客重复消费欲望，促进销售；通过积分卡，加强顾客信息的管理，建立顾客信息数据库。如果有朋友引荐同去，也会因介绍新客户有功而得到药店的奖品，能够开拓新的客户群体。

项目七

一、简答题

1. 危机的特点：必然性与偶然性；突发性与紧迫性；不确定性与可测性；公众性与聚焦性；破坏性与建设性。

诱发公共危机的原因是复杂多样的．加上不同学者研究的视角不尽相同，分类标准也是差异很大。大体可以分为：灾害性危机事件，如地震、洪水、台风等；事故性危机事件，如重大安全和环境污染事件（毒奶粉危机，SAS 等）；政治危机事件，如涉及到国家主权领土安全等；经济危机事件，比如金融危机、经济萧条；突发性社会安全事件，比如战争、恐怖袭击等。高职学生还应该从组织管理的角度分清责任主体，明确处理原则。

2. 公共关系危机管理，是组织从业人员对突发的事件或可能突发的事件的事前预防及事后处理的过程。是指组织对可能发生的危机进行预警、预防规避，对已经发生的危机事件进行控制、处理、化解和善后处理的管理活动。

危机一旦爆发，组织选择恰当的危机处理策略，遵循危机处理一般性原则，利于解决危机的成效，降低危机带来的损害或负面影响。公关危机处理的策略主要有：①危机中止策略；②危机隔离策略；③危机消除策略；④危机利用策略；⑤危机分担策略；⑥避强就弱策略。

公关危机处理的原则主要有：①承担责任原则；②真诚沟通原则；③速度第一原则；④系统运行原则；⑤权威证实原则。

3. 危机管理程序从时间序列及工作内容上可以划分为"危机预防阶段""危机处理阶段""危机善后阶段"这三个相对独立的阶段。

危机前的管理职能是在危机事件发生前做好预防工作，划分为预警与准备两个部分，具体任务包括树立危机意识，建立危机预警机制、预防危机的人财物方面的资源准备，制定危机应对方案。预防的主要措施包括成立危机管理领导小组和危机处理小组、制定危机管理预案、实施危机预警措施、编写出版危机管理手册、危机预案演习、危机管理意识与能力培训以及储备危机处理所需的设施、设备等。

危机处理是指在危机事件发生后直至危机衰退这个过程中的危机管理工作。危机处理的目的是控制危机，解决危机。

善后是指在危机事件结束后，促使事态向好的方向发展的危机管理工作。危机善后工作主要的任务是：调整恢复，评估总结。

二、案例分析题

提示：

危机传播中，最忌讳的是企业传递出来的信息前后不一致，这样容易误导公众，企业的诚信会因此遭到公众的质疑。

项 目 八

一、单项选择题

1. C 2. B 3. A 4. D 5. C 6. B 7. B 8. C 9. C 10. A

二、多项选择题

1. ACD 2. ACDE 3. ABCE

三、简答题

1. 鲜明的目的性；反映的客观性；传播的主动性；很强的针对性。

2. 计划类文书（规划、设想、计划、方案等）；报告类文书（总结、述职报告、调查报告等）；规章类文书（章程、条例、办法、规程、制度等）；简报类文书（简报、大事记等）；会议类文书（会议计划、会议安排、会议记录等）

项 目 九

一、单选题

1. A 2. D 3. B

二、多选题

1. BCDE　2. ACE　3. ABCD

三、简答题

1. 组织形象是社会公众对于组织的总印象和总评价，是主客观的统一。其含义包括三个方面：组织形象是一种总体评价，是各种具体评价的总和；组织形象的确定者是公众，社会公众是组织形象的评定者；组织形象的好坏源于组织的表现。

参考文献

[1] 吴友富，于朝晖．现代公共关系基础教程［M］．上海外语教育出版社，2006．

[2] 冯冰．公共关系基础［M］．北京：中国传媒大学出版社，2006．

[3] 蒋红．公共关系基础［M］．四川：电子科技大学出版社，2007．

[4] 张亚．公共关系——原理与实务［M］．北京：北京理工大学出版社，2009．

[5] 周安华，苗晋平．公共关系理论、实务与技巧［M］．北京：中国人民大学出版社，2004．

[6] 吕晨钟．学谈判必读的95个中外案例［M］．北京：北京工业大学出版社，2005．

[7] 何春晖．中外公关案例宝典［M］．浙江：浙江大学出版社，2003．

[8] 魏翠芬．公共关系理论与实务［M］．北京：清华大学出版社，2007．

[9] 孙宝水．公共关系基础［M］．北京：高等教育出版社，2002．

[10] 朱权，高星．公共关系基础与实务［M］．北京：机械工业出版社，2012．

[11] 金常德．常用公关文案写作——规范与实例［M］．南宁：广西人民出版社，2012．

[12] 张念宏．公共关系辞典．北京：中国国际广播出版社，1988．10．

[13] 居延安等．公共关系学，第三版．上海：复旦大学出版社，2005．83．

[14] 张国才．组织传播理论与实务．厦门：厦门大学出版社，2002．9~10．

[15] 菲利普·科特勒．营销管理．第10版，英文版．北京：清华大学出版社，2001．606．

[16] Philip Kotler, Gary Armstrong. Marketing：An Introduction, 4th edition. 影印本．北京：华夏出版社，1998．

[17] 菲利普·科特勒．营销管理．第10版，英文版．北京：清华大学出版社，2001．3．

[18] 赠琳智．新编公共关系案例教程．上海：复旦大学出版社，2010．

[19] 曹开英，徐玉芳，曲明鑫．现代社交礼仪［M］．北京：北京交通大学出版社，2014．

[20] 李萍，路世云．公共关系［M］．北京：中国水利水电出版社，2011．

[21] 纪华强．公共关系的基本原理与实务．北京：高等教育出版社，2006．

[22] 黄太平．危机公关道与术．北京：中信出版社，2014．

[23] 谢红霞．公共关系原理与实务．大连：东北财经大学出版社，2011．

[24] 熊卫平．危机管理：理论·实务·案例．杭州：浙江大学出版社，2012．

[25] 胡百精．危机传播管理．北京：中国人民大学出版社，2014．